传统体育 养生功法

◎主　编　邓文全　李文冰
◎副主编　刘　燚　陈云赛
　　　　　李　艳

重庆大学出版社

图书在版编目（CIP）数据

传统体育养生功法 / 邓文全，李文冰主编. -- 重庆：
重庆大学出版社，2023.8
ISBN 978-7-5689-4007-8

Ⅰ.①传… Ⅱ.①邓… ②李… Ⅲ.①体育保健学—
教材 Ⅳ.①G804.3

中国国家版本馆CIP数据核字（2023）第119477号

传统体育养生功法
CHUANTONG TIYU YANGSHENG GONGFA

主　编：邓文全　李文冰
责任编辑：唐启秀　　版式设计：唐启秀
责任校对：邹　忌　　责任印制：张　策

*

重庆大学出版社出版发行
出版人：陈晓阳
社址：重庆市沙坪坝区大学城西路21号
邮编：401331
电话：（023）88617190　88617185（中小学）
传真：（023）88617186　88617166
网址：http://www.cqup.com.cn
邮箱：fxk@cqup.com.cn（营销中心）
全国新华书店经销
中雅（重庆）彩色印刷有限公司印刷

*

开本：787mm×1092mm　1/16　印张：9.25　字数：157千
2023年8月第1版　　2023年8月第1次印刷
ISBN 978-7-5689-4007-8　定价：35.00元

本书编委会

审　稿：杨　明

主　编：邓文全　李文冰

副主编：刘　燚　陈云赛　李　艳

参　编：官农钦　刘贞军　王燕海　雍丽明

　　　　李　涛　鲁　军　张浩锴　屈建云

　　　　陈荣浩　孔琳琳　谢代明　李自业

　　　　陶正强　李玉章　王　坤

绪论

中国传统体育养生学，是古人基于对生命质量的探索创造出来的能够强身健体、延年益寿、促进身心发展的优秀养生文化。在与其他文化碰撞、融合的过程中，不仅受到儒家、道家、佛家思想的影响，还受到中国传统医学和哲学的浸润，通过不断实践，形成了中华民族丰富的、独具特色的养生文化。

一、什么是传统体育养生功法

（一）相关概念认识

传统体育养生功法在我国非常受欢迎，并传播至日本、韩国等国，对近代体育产生了较大的影响。传统体育养生功法的应用，经过人们长期的养生实践，被证明是科学的，因其动作简单、习练安全、动静结合又能强身健体、调理气血为世人重视和推广。

传统体育养生功法是指通过调整身体姿势，锻炼呼吸，意念控制，使身心融为一体，达到增强人体各部分机能，诱导和激发人体内在潜力，起到预防疾病、健身长寿为目的的行为方式。它既是中国传统养生学的一个分支，也是古代养生学说与强身健体锻炼方法相结合的优秀民族文化遗产。

养生又称作摄生、道生或者是保生，就是通过肢体运动保养身体。换句话说，就是根据人体发展的客观规律，通过身体活动进行身体保养、预防和减少疾病，达到强身健体和延年益寿目的的综合性身体活动。

导引是通过姿势调整、呼吸锻炼、身心松弛、意念集中和运用等锻炼方法，诱发人体内的潜力、调节和增强人体各部分机能，以达到保健强身、防治疾病、延年益寿的目的。它是人们在日常生活和劳动实践中，为了强身健体而总结出来的锻炼方法。

晋代许逊所写的《净明宗教录》首次提及"气功"。气功是通过集中意念、调节呼吸、柔和运动等方式，诱发人体潜力，促进各系统的机能，增强体质的一种锻炼方法。它充分体现了对生命的重视，通过"三调"的锻炼方法，改善自身的健康状况，使身心协调发展。

健身气功是以自身形体活动、呼吸吐纳、心理调节相结合为主要运动形式的民族传统体育项目，是中华传统文化的重要组成部分。"健身气功"这个名词是在1996年8月中共中央宣传部、国家体委等联合下发的《关于加强社会气功管理的通知》中第一次提出来的，该通知明确提出"社会气功是指社会上众多人员参与的健身气功和气功医疗活动"。习练健身气功可以提高人们的思想道德修养和生命质量。

（二）传统体育养生功法的特征

传统体育养生功法内容丰富、形式多样，包含了很多功法和技术，如：导引行气、饮食药疗、房中补养等。传统体育养生功法在历史发展中呈现以下特征。

1. 通过姿势、呼吸、意念的整体锻炼，使经络畅通，促进身体健康

传统体育养生功法与其他传统运动相比，最大的特点就是强调"运动养生"。古代的养生理论和方法多如牛毛，但明确主张以运动养生为核心的只有传统体育养生功法。数千年来人们对传统体育养生功法有不同的认识，但在运动养生这一点上则是统一的，以运动养生为核心概念，强调以身体为媒介，通过不同姿势方法的练习配合呼吸和意念引导，使全身经络运行畅通，促进身体健康。

2. 提倡肢体运动、呼吸、按摩和意念相结合的综合锻炼方式

与西方强调以身体运动为特征的体育文化体系相比，中国的传统体育养生功法文化体系不仅强调基本的身体运动，还主张在身体运动中进行呼吸、按摩和意念相结合的综合锻炼方式，因此形成了民族传统体育文化独具特色的锻炼理论与方法体系。传统体育养生功法这种独具特色的健身理论与方法体系，决定了它在世

界体育文化中的地位与价值。传统养生术是在道教体系内发展起来的，因此很多传统养生术（如行气、内丹、存想等）都包含了程度不一的宗教色彩，其方法大多比较繁琐、复杂。现在的功法简便易行，风格朴实，健身效果明显，这些特点与功能是传统体育养生功法在民众中得以广泛开展并长期发展的重要原因。

3. 具有养生、防疾、祛病功效和延年益寿的作用

传统体育养生功法是防疾祛病功效最明显和延年益寿价值最高的健身方式。它具有动作柔和、缓慢、均匀的运动特点，在追求"养形"与"修心"的过程中，健身功效十分明显。传统体育养生功法以动作简单、运动量适中为主要特点，而且不受年龄、性别、体质、时间、季节和场地器械的限制。它还具有顺应呼吸吐纳、调节元气心智的特质，使人身体强壮、呼吸顺畅、血液循环良好、身体机能强健、身心得以调节。

（三）"传统体育养生功法"课程主要内容

"传统体育养生功法"这门课程主要突显了三个方面的内容：首先是对体育的范畴进行了界定，这门课讲的是传统体育，相较于现代体育的更高、更快、更强是有很大区别的。比如高脚马、武术、气功等民间体育运动，都属于传统体育。其次就是养生，它与健身是有本质区别的。健身是指人们为了保持身体机能或者塑造完美身形而参加的一些体育活动和锻炼。健身运动可以是徒手练习，也可以采用不同的运动器械进行各种练习，健身具有一定的专业性，需要有专门的训练方法。而养生是指通过各种方法颐养生命、增强体质、预防疾病，从而达到延年益寿的目的。养，即调养、保养、补养之意；生，即生命、生存、生长之意。最后相对功法来说，它是一套完整的练功方法，而且包括练功时所遵循的原则和方法。

这门课程主要包括理论和实践两部分，理论部分一共包括了三个章节。第一章是关于传统体育养生功法的概论，通过学习，大家要了解传统体育养生功法的起源与发展，其分类、特点及作用，重点掌握在练功时应遵循的锻炼原则，并建立对传统体育养生功法课程学习的兴趣。

另外两章分别是健身气功·五禽戏和健身气功·八段锦的概述。通过学习，我们要了解其功法源流与功法特点，着重掌握习练要领和功理作用，并能够利用这

些理论指导后续实践部分的学习，从而在学习动作时得心应手，有利于发挥练功的功效。

实践部分主要包括两个方面的内容，分别是健身气功·五禽戏和健身气功·八段锦动作技术分析。2001 年，国家体育总局健身气功管理中心成立后，对健身气功·五禽戏进行了挖掘、整理与研究，并编写出版了《健身气功·五禽戏》，其动作编排按照《三国志》的虎、鹿、熊、猿、鸟的顺序，动作数量按照陶弘景《养性延命录》的描述，每戏两动，共十个动作，分别仿效虎之威猛、鹿之安舒、熊之沉稳、猿之灵巧、鸟之轻捷，力求蕴涵"五禽"的神韵，其对应的是人体的五脏。可以完整成套地练习，也可以针对某个脏器进行专门的练习。

在我国古老的导引术中，八段锦是流传最广的功法，也是对导引术发展影响最大的一种功法。它起源于南北朝时期，内容丰富，动作多样，涉及脏腑较多，长期坚持锻炼，可以使机体肌肉运动能力和关节灵活性提高，且可以改善体质。

二、为什么要学习传统体育养生功法

虽然许多人或多或少了解和习练传统体育养生功法，但是否能够自觉地传承和弘扬传统体育养生文化则是另一回事。由于西方文化的渗透，传统体育养生文化的价值和地位受到冲击，所以加强传统体育养生文化的教育是非常有必要的。

2022 年 10 月，习近平总书记在党的二十大报告中对推进文化自信自强、铸就社会主义文化新辉煌等作出战略部署，指出："全面建设社会主义现代化国家，必须坚持中国特色社会主义文化发展道路，增强文化自信，围绕举旗帜、聚民心、育新人、兴文化、展形象建设社会主义文化强国，发展面向现代化、面向世界、面向未来的，民族的、科学的、大众的社会主义文化，激发全民族文化创新创造活力，增强实现中华民族伟大复兴的精神力量。"另外，加强中华优秀传统文化教育是践行社会主义核心价值观、落实立德树人根本任务的重要基础。如今世界多极化、经济全球化深入发展，国内经济社会转轨、转型正处于深刻变革时期，世界范围内各种思想文化的交流、交融、交锋更加频繁，社会思想观念日益活跃。人们的思想意识更加自主，价值追求更加多样，个性特点更加鲜明，社会上一些不良思想倾向和道德行为对人们身心健康发展产生了不容忽视的影响。加强传统体育养生文化教育，学会更多关于传统体育养生功法的知识与技能，对引导人们增强民族文化自信和价值观自信，自觉践行社会主义核心价值观是十分重要和必要的。

学习传统体育养生功法可以帮助人们培养"天下兴亡，匹夫有责"的家国情怀。我国是多民族国家，"天下兴亡，匹夫有责"这种信念和情怀对维护国家统一、民族团结和各民族繁荣发展有促进作用。祖国的繁荣发展是每个人的中国梦，我们要具备最基本的荣辱观，通过学习了解传统体育养生功法，传承和发展传统优秀文化，培养爱国情怀，做自信、自尊、自强的中国人，为实现中华民族伟大复兴而努力奋斗。

综上所述，学习传统体育养生功法可以达到以下三方面的效果：第一，可以培养人们高尚的道德情操和控制自己情绪的能力，达到心静神宁的状态，真正起到"体医结合"的效用。第二，学习和了解传统体育养生文化，能帮助人们增强国家认同，培养爱国情感，培养"天下兴亡，匹夫有责"的家国情怀。第三，传统体育养生功法是我国优秀的传统体育文化，通过学习可以传承和推广优秀传统体育文化，树立文化自信。

三、如何学习传统体育养生功法

1. 取其精华，弃其糟粕

传统体育养生文化不等同于封建旧文化，但不能否认，传统体育养生文化中有许多封建文化的糟粕。由于传统体育养生文化在很长的时期是在封建社会的母体内发展、演变的，中国历代的封建统治者，为了维护其长治久安，对传统体育养生文化进行改造和加工，许多养生理论是为封建统治服务的，因此需要认真地进行识别，在传承和发扬过程中理性去看待，对于优秀的传统体育文化学习和传承，对封建的传统体育文化进行批判和摒弃。

2. 以立德树人为根本目标，用文化育人

"立德树人"是教育的根本任务，这与传统体育养生文化中"以人为本"的养生观念是一致的。与西方文化教育中倡导的"注重知识和专业"的教育不同，中国的"立德树人"强调的是具体问题具体分析。针对当前教育出现的主要问题和主要矛盾，用文化育人，将德育、身心健康发展、传统体育养生文化三者有机结合，促进人们德、智、体、美、劳全面发展，既可以让人们学到传统体育养生的理论知识和技术技能，促进人们身心健康发展，又能传承和推广优秀传统文化。

3. 寓教于乐，在体验中学

学习传统体育养生文化不仅需要学习基本的理论知识，也要学习相应的技术动作，并且长期坚持才能够达到养身、健身的目的。需要根据传统体育养生文化的自身特点和规律进行因材施教，寓教于乐。在体验式的学习中，让人们切实学会如何通过正确的方式来解决他们身心健康发展的实际问题。况且传统体育养生文化是一门交叉性、综合性的学科，涉及精神文化、艺术文化、地域文化、行为文化等，通过人们的日常行为和生产生活体现出来。所以，在进行学习时，需要人们精神上真正接纳，不仅要从书本、课堂中汲取知识；还要从日常生活中培养健身、养身的良好行为习惯。

4. 立志传承，创新优秀传统文化

学习传统体育养生文化的目的是传承中国优秀传统文化，而传承中国优秀传统文化的目的是创新中国优秀传统文化。传统体育养生文化既有自身的优势和特色，也有自身的缺陷和不足。无数的仁人志士为建设新传统体育养生文化而努力奋斗，虽然取得了一定的成就，但随着社会经济的高速发展，也带来了机遇和挑战。传统文化是我们的根，因此不能抛弃优秀的传统体育养生文化，既要在传承中创新，也要在创新中传承。

传统体育养生文化必将在与时代精神的结合中散发夺目的光芒，全力服务于全民健身，为实现中华民族的伟大复兴贡献特有的力量。

目 录

第一章
传统体育养生功法概论

第一节　传统体育养生功法的起源与发展

　　传统体育养生功法拥有悠久的历史，通过与其他养生文化不断地冲突、融合、发展，形成了具备稳定形态的传统体育养生文化。它深深地植根于中华民族沃土，是人们基于对生命的探索和认识，为强身健体、延年益寿、提高生命质量而创造出来的养生文化。尽管它受到来自儒家、道家、佛家、医学和哲学的影响，但是也在与它们不断碰撞、融合、实践的过程中，形成了自身独特的文化体系。作为传统文化的一部分，不论是在理论基础方面还是在思想主张方面，它都不同程度体现了不同时期的养生文化。

一、中国传统养生文化体系与结构

传统体育养生文化体系以其历史性和丰富性，在长期的历史发展中，逐渐构成了以思想理论、方法内容和组织结构三大层次内容为主的中国养生文化结构体系。

（一）养生思想理论体系

养生思想理论体系以养生哲学思想和养生观念为基石，在长期的实践中从思想和观念两方面提供了指导与价值取向。传统的养生哲学思想以哲学和医学为理论基础，由"阴阳学说""脏腑学说""精气神学说"三大板块组成，体现为"天人合一""形神统一""动静适宜""元气养生"等，并且在发展过程中，中国传统养生学文化在"精气神学说"和"脏腑学说"方面呈现了自身独特的观点与价值。中国古代的"三教两学"理论共同构成了中国传统养生学的基本核心。传统体育养生文化体系是以"三教两学"为认知基础，围绕人体健康、长寿为研究内容的应用型体育学科。

（二）养生组织结构与方法

中国传统养生学是在道教与医学两大组织系统中发展起来的。以导引术为例，它不仅可以健身养生，还具备医学效果，道教将导引术作为长寿的手段和途径，而各医家将其作为治疗疾病的有效方式。与医家相比，道教徒的宗教修炼活动在思想理论和技术方法上都极大程度地推动了中国传统养生术的发展，不仅如此，民间的一些养生学者也在各自的领域默默钻研，为中国传统养生文化的发展作出贡献。

二、传统体育养生功法在不同时代的发展

（一）《周易》：传统体育养生思想的源头

《周易》以阴阳概念为核心概念，阐明了阴阳的性质和状态。《周易》不仅重视人的生命，还追求生命质量。强调强身健体，追求"天行健，君子以自强不息"的品质，注重身心的调养，达到修身养性、以形养神的目的。《周易》提出的养生思想主要有天道观、运动观、平衡观、达生观、静养观、调养观等，具体表现为"万物本原""动静互涵""阴阳和调""顺应天时""柔静顺缓""抑阳益阴"等，这些思想观念也成了后世的养生基础。

（二）春秋战国至秦汉三国：养生理论与方法的初步形成

春秋战国时期是我国养生学发展的重要时期，诸子百家不断地对养生文化进行实践、总结、归纳，经过碰撞与融合，为养生奠定了理论基础。医家、道家、儒家、神仙家等炼养方法都有较大的发展，在长期的应用实践中，逐步形成了各自的炼养体系，也奠定了传统体育养生的基本模式。

1. 神仙家方士对养生文化的影响

从战国到秦汉，神仙家方士逐渐开始专门从事养生、治身的研究和活动。在养生实践方面，方士们修炼不光采用一般养生方法如导引术、辟谷、行气等方式，还主张服食药物，也称为"服食"。神仙家方士对养生作了不少研究，如长沙马王堆出土的帛书《导引图》《辟谷食气》《养生方》，还有竹简《十问》《合阴阳》等，这些都是战国秦汉方士们所撰的养生专著代表。

2. 老子、庄子与养生

春秋战国时期出现养生思想百家争鸣的局面。老子的养生观在于顺应天时，他认为只有尊重自然，与自然和谐相处，才能够利用自然的力量来养生、长寿，在"人法地、地法天、天法道、道法自然"中便有良好的体现。庄子提出根据四时调养身体、

陶冶情操，采用导引和气功来养生。老子和庄子的这种"恬淡寡欲""清静无为"养生思想深刻影响了古代养生学的发展，成为后世养生主静派的思想基础。

3.《荀子》与《吕氏春秋》论养生

荀子提出"动以养生"的理论，他在《天论》中认为"养备而动时，则天不能病"，可以通过身体锻炼，达到防病祛病、延年益寿的目的。战国末年的《吕氏春秋》集各家之长详细地阐明了延年益寿要讲究养生，通过"顺生""节欲""去害""主动"的方式，用通俗易懂的方式从人们的生活实际出发，论证了运动对人体机能的效应。这是我国独具特色的"动以养生说"。

4. 先秦儒家的修身思想

春秋末期，儒家学派主张"习六艺，臻三德"，不光重视修身养性，还注重发展身体素质。修身养性要修道德、讲仁义、尊孝道，中庸平和要贵中尚和、执两用中，饮食要美味、卫生，兴趣要广泛、能强身健体。荀子认为养生可通过"治气养心"和"治气养生"，孟子认为"一曰养心，二曰养气"和"夫志，气之帅也；气，体之充也"，如果要保持良好的身体机能水平就要养成积极锻炼的良好习惯。

5.《黄帝内经》中有关人体生命的理论与养生保健思想

《黄帝内经》以人为核心进行养身、调身探索，在思想理论方面提出"和于阴阳，调于四时""法于阴阳，和于术数""节阴阳，调刚柔"等观点。养生实践方面提出"独立守神""恬淡虚无""精神内守""导引"等具体的养生方法。

6. 导引行气术

帛书《导引图》记载的导引术是非常简单的单式动作。华佗是开创导引套路式先河的人，通过观察、模仿自然界中的虎、鹿、熊、猿、鸟五种动物的神态和动作，创编了势势相承的仿生类功法"五禽戏"。五禽戏的出现标志着导引术从单个动作向套路发展，奠定了后世导引术基本模式。接着战国时期的《行气玉佩铭》用简短的45个字描述了呼吸行气的具体方法。

（三）魏晋南北朝至隋唐时期的传统体育养生

在两晋南北朝至隋唐五代时期，医学与养生紧密结合，使早期道教的炼养术出现与行气合流的发展趋势，一些炼养术随着佛教的兴盛呈现佛教色彩，使传统体育养生学得到更充实的发展。

1. 早期道教的养生理论与实践

中国道教的养生文化理论全面系统，养生功法门类众多，内容丰富，《太平经》和《黄庭经》中大的划分类别就有呼吸吐纳、存想内视、导引按摩、辟谷服饵、香汤沐浴、饮食养生、药物养生、房中节欲、内丹修炼等。《太平经》是最早明确提出炼养精气神理论的道教经典，"欲寿者当守气而合神，精不去其形，念此三合以为一"便是主张通过修炼人的精气神来调身、养生。而被誉为"寿世长生"之典的《黄庭经》主张在修炼过程中融入医家经穴脏腑学说，并系统概述了魏晋以前道教气功修炼的要诀。

2. 东晋著名的道教养生

著名医家陶弘景认为可以根据四时调养身体，通过调节情操、控制饮食、避免过度疲劳、节欲、控制呼吸等方式来延年益寿。他认为行气术中吐气的方式是十分重要的，在《服气疗病篇》中，根据不同疾病提出"吹、呼、唏、呵、嘘、呬"六种吐气方法，被后世称为"六字诀"。隋唐时期，道教提出了内丹术，这是一种新的行气内炼功法。

3. 医疗导引行气术的发展：佛教对养生的融摄

两晋南北朝至唐代，佛教的兴盛导致养生方式方法都不同程度打上了释家的印记，像寇谦之、陶弘景、孙思邈也都吸收和借鉴佛教的炼养方法，如采用"禅观之法"以求入静；巢元方的《诸病源候论》和孙思邈的《千金要方》提出了"动静结合"的传统体育养生思想。司马承祯在行气术中融入佛教的"渐悟""禅定""止观"等方法，解决了练功时难入静的问题，同时也影响了唐末五代内丹学派的"性命双修"理论。

（四）宋元明清：传统体育养生学的兴盛时期

在宋元明清时期，人们通过对前人养生资料的汇集和整理，编撰了大批的养生专著。当时盛行的导引养生术像八段锦、易筋经、小劳术、太极拳等，皆动作简单，练习方便，民众易接受，传统养生术进入了辉煌时期。

1. 对前人养生资料的汇辑和整理

《云笈七签》属于道教类书籍，是宋朝张君房编著的。该书内容丰富，囊括了经教宗旨、仙籍语论、斋戒、服食、存思、导引、炼气、内外丹、方术等。后来，高濂集各家之长编写了内容全面、资料丰富的《遵生八笺》，该书涉及儒、释、道、医等各个方面。

2. 医家学派的导引治病

汉唐至宋元以来，各医家学派将导引术作为医疗手段，用来治疗疾病。金元四大医家便将导引术应用于疾病治疗；明代胡文焕以《诸病源候论》为基础，参考了大量道家典籍编写了《养生导引法》，该书记录了多种简便有效的导引法，人们可以选择不同的导引法来治疗疾病。

3. 文人学士对导引的研习

宋朝的欧阳修、程颢、程颐、苏轼、陆游、朱熹，明代的王守仁，明末清初的王夫之等对导引行气进行了研习。像苏轼主张以多吃蔬菜少吃肉、郊游、书画等来陶冶心情，健体强身。

简便易行的导引养生术有以下五方面：

第一，行气理气功效类。"六字诀"是吐纳类功法，由内而外通过控制呼吸，改善人体内在器官功能，达到增进健康、预防疾病的效果。《吕氏春秋》中便有用导引呼吸治病的记录。

第二，防病治病功效类。宋晁公武在《郡斋读书志》中提及"《八段锦》一卷，不题撰人，吐故纳新之术也"。《遵生八笺》和《内外功图说辑要》等养生著作也记载了"八段锦"的口诀和图势。

第三，健身保健功效类。"五禽戏"是仿生类功法，是通过模仿自然界中的虎、鹿、熊、猿、鸟五种动物的神态和动作创编而成，针对人体内部的五脏六腑进行锻炼干预，从而增强脏腑功能，强身健体。

第四，强身壮力功效类。易筋经有 12 式动作，主要是将呼吸、练气与肢体动作相结合，融入武术动作，长期练习可达到伸筋拔骨、强身壮力的效果。达摩在《内功图论》中有明确记载，且将其作为少林武僧的修炼内功。

第五，服食类。元代通过四时五味保养脏器，明代采用药饵、饮食保养法，清代强调"五脏调养""动静结合""武术健身"的综合调理。

综上看出，传统体育养生功法发展脉络主要包括：行气理气功效的以六字诀为代表的吐纳类气功；防病治病功效的以八段锦为代表的疗病类气功；健身保健功效的以五禽戏为代表的仿生类气功；强身壮力功效的以易筋经为代表的壮力类气功以及通过四时五味保养的服食类。

（五）民国时期：传统体育养生思想的传承与转型

我国近代传统体育养生学的发展还是较为滞后的，而且随着西方体育文化的渗透，传统体育养生功法开始出现了西方体育化倾向。早在 1915 年，王怀琪将传统体育养生术八段锦改编为八段锦体操，当时《教育杂志》图文并茂地将其推荐给高等小学和中学作为教材，在一定程度上推动了传统体育养生功法的发展。

（六）新中国时期：传统体育养生思想的丰富与多元

国家体育总局健身气功管理中心于 2001 年底面向社会 20 所具有气功教学、科研实力和资质的体育、中医院校和科研单位进行招标，经过激烈竞争和严格评审，上海体育学院、武汉体育学院、北京体育大学、中国中医研究院西苑医院和首都体育学院申请的"健身气功·五禽戏""健身气功·易筋经""健身气功·八段锦"和"健身气功·六字诀"四个历史悠久、深受广大群众喜爱的传统体育养生功法中标。

从健身气功的发展轨迹来看，这一时期传统体育养生功法日益走向规范化、科学化。近些年，随着社会的快速发展，人们对身心健康的要求也随之增高，具有良好养生健身、益寿延年功效的中国传统体育养生功法成为世人的高质量锻炼方式之一。中国传统体育养生日益走向世界，必将会在体育强国、健康强国上作出重要贡献。

第二节　传统体育养生功法的基本要素

传统中医理论中强身健体强调的是"身心合一"，而传统体育养生功法则强调"形""神""气"的三者合一。

所谓"形者，生之舍也；气者，生之充也；神者，生之制也"，句中的"形"是指人的身体，代表容器；"气"是沟通的桥梁；"神"是指人的精神，占据主导地位。这里的"形""气""神"对应的是调身、调息、调心（神），即为"三调"，这正是传统体育养生功法锻炼的基本要素。

一、调身，传统体育养生功法锻炼的第一基本要素

调身，主要是调整身体形态，是指在锻炼的过程中通过反复练习来调整身形和纠正错误动作。身形包括人的躯干和四肢，包括筋、骨、膜、血、肉等。调息和调心的前提是做好调身，调身是练习的基础。调身的范畴也包括传统体育养生功法的庄严身象、导引练形等。

调身的基本要求：形正体松。要想达到气定神敛只有形正体松，在进行练习时身体中正安适，动作正确且连贯，形神兼备，才能养生、健身。

二、调息，传统体育养生功法锻炼的第二基本要素

"一呼一吸为一息"，调息需要练习者自觉主动地调控呼吸的频率和深度。调息作为锻炼的重要环节和方法，包括吐纳、练气、调气、服气、食气等。调息的方式有三种，即腹式呼吸、自然呼吸和提肛呼吸。当习练者尚未熟悉功法套路时采用自然呼吸；大部分人采用腹式呼吸，主要是这种呼吸方式可以使人尽快进入锻炼状态，还能将呼吸调整得细长、均匀；提肛呼吸也就是将呼吸和提肛运动结合的练习方式。

调息的基本要求：控制呼吸，要均匀细密，柔和深长。不能为了追求意境合一，生搬硬套，那样只会适得其反，需要逐步练习，顺其自然即可。

三、调心，传统体育养生功法锻炼的第三基本要素

调心作为"三调"中最重要的环节，以意识马首是瞻，主要是指在锻炼过程中习练者为了达到锻炼效果自觉调节和控制心理活动。调心主要包括练意、存思、意守、调神、观想等方面。调心的方式主要包括意守类和存想类。意守类"以念代万念"，存想类是"以念制（治）念"。意守类为了排除私心杂念，逐渐达到练功的要求和目的，把注意力全部集中到某处相守不离；存想类是在保持安静状态下，集中注意力于某个目标，通过思维控制，排除杂念，达到锻炼效果。调心的基本要求：精神放松，意识平静。这样可以快速进入松静自然的状态，从而达到强身健体、延年益寿的效果。

总而言之，调身、调息、调心构成了传统体育养生功法的基本要素，它们三者是密不可分的，只有三者紧密地结合在一起，才能达到和谐统一，使强身健体的效果得以最大体现。

第三节　传统体育养生功法的分类及作用

一、传统体育养生功法的分类

虽然传统体育养生功法的正式概念在新中国成立之后才提出，但实际上，在萌芽阶段传统体育养生功法就开始了自己的相关探索。随着传统中医学理论的日

益发展，传统体育养生功法的理论和动作也不断发展，成为一种具有独特作用的健身方式。传统体育养生功法主要分为四大类：导引养生功法、意守健身功法、按摩拍打功法、健身气功功法。

（一）第一类是偏重肢体动作的导引术，即导引养生功法

古人通过对动物的模仿而产生了导引养生功法，"导气令和，引体令柔"八个字是对动作导引类养身功法最合适的概括。仿生类的五禽戏和治未病的八段锦便是动作导引类养身功法的代表。习练者按照动作基本要求，调整身形、变化步法、撑拉肌肉和活动关节，达到舒筋活骨、强身健体、防病治病、延年益寿的目的。

（二）第二类是偏重呼吸吐纳的，即意守健身功法

古人认为吸取天地万物的精华能够健康长寿，便开始追求"采气"。意守类健身功法以"六字诀"为代表，呼吸吐纳贯穿于整套功法的始终。呼吸六字分别是"吹、呼、唏、呵、嘘、呬"，该功法对口型和读音要求十分严格，特别要注意动作之间吸气和呼气的变换。只有动作与气息转换相辅相成，才能改善脏腑功能。

（三）第三类是肢体动作和呼吸吐纳融合与延伸的，即按摩拍打功法

按摩拍打功法是将身体动作和呼吸控制相结合，如今很多健身方式都开始向"动作＋呼气"的趋势发展，即使是偏重肢体动作的或是偏重呼吸吐纳的养生功法都已经开始兼顾这两个方面。在练习过程中按照经络的导引养生功法走向来进行拍打练习，从而达到强身健体的作用。

（四）第四类就是健身气功功法

健身气功目前有"八段锦""易筋经""五禽戏""六字诀""大舞""十二段锦""导引养生功十二法""太极养生杖""马王堆导引术"九套功法。这些功法的动作简便易行，运动强度低且对练习场地要求不高，又具有非常明显的强身健体效果，

成为受欢迎的锻炼方式之一。

二、传统体育养生功法的作用

（一）培补元气

培补元气在于保养正气和调畅气机。保养正气，大多以培补后天、固护先天为基点；调畅气机则是以调息为主，再配合导引术和健身术。人体的健康状况取决于元气的盛衰。元气充沛，则后天诸气得以资助，从而脏腑协调，身心健康；当先天禀赋不足或因后天因素损及元气时，则后天诸气失助而衰败，导致一系列疾病的发生。传统体育养生功法的锻炼，非常重视培补人体元气。如意守丹田、命门之法，是由先天之精藏于肾，通过意守和呼吸锻炼，使肾中元精益固，元气充盈后，更好地激发与推动脏腑进行正常有效的生理活动，对维持机体的健康具有重要意义。

（二）平衡阴阳

古人认为阴阳调和就会精力充沛，邪气不能入侵身体，就能保持健康，如果阴阳失调就会导致疾病。阴阳的动态平衡是维持人体正常生理活动的基础，阴阳平衡关系的破坏，就意味着疾病的发生。中医认为疾病的发生、发展、诊断、治疗、转归等，都是以阴阳学说为理论依据，如《内经》指出："阴胜则阳病，阳胜则阴病"，所以传统体育养生功法祛病的机理，必然也寓于阴阳变化之中。如对阴盛阳虚的病人，就应选择以动态为主的练习，以求助阳胜阴；而对阴虚阳亢的病人，则应选择练习静态为主的功法，以养阴制阳。

（三）疏通经络

经络遍布全身，是人体气、血、津液运行的通道，是联络五脏六腑的生理结构。经络有广泛而重要的生理作用，其有运行气血、营内卫外、联络脏腑、病邪传变、诊察病机等作用。因此，传统体育养生功法的医疗保健作用，也是通过疏通经络这一机制来实现。在疏通经络时，一是通过肢体的活动，并配合意念循经络运行来进行，如"健身气功·五禽戏""健身气功·八段锦"等；二是直接沿经络的意识导引或按摩拍打来实现，通过活动筋骨，可以让气血通畅。

（四）调和气血

气血是构成人体的重要组成部分，是维持人体生命活动不可缺少的精微营养物质。正常情况下，气血之间维持着一种"气为血之帅，血为气之母"的相辅相成的动态平衡状态，是谓"气血调和"，而"气血不和，百病乃变化而生"。传统体育养生功法中的"意守"，指静练时意守病灶，病灶在哪里，意念亦放在哪里，以意领气直至病灶，因为气能推动血液至病灶，从而改善病灶部位的血液供应，加强营养和滋润作用，使病灶组织得以修复，恢复气血调和的状态。

（五）调理脏腑

中医脏象学说将人体器官分成两大类：心、肝、脾、肺、肾称为脏；胆、胃、三焦、小肠、大肠、膀胱称为腑。脏腑功能状态的正常与否，决定着人体的健康和疾病，脏腑失调是人体失去健康的病理基础。通过锻炼强化脏腑的协同作用，促进机体新陈代谢。

中医认为，人体的生长、发育、衰老都与肾脏休戚相关。肾乃水火之长，阴阳之根，元气之本。所以，传统体育养生功法几乎所有的动作都是以腰为主宰，腰部命门是主要锻炼之处，把命门作为意守的重要部位，可使命门相火旺盛，肾气充盈。命门元阳之火充足，则脾阳得资，脾气充足健运，后天水谷得以消化，精微物质得以运化，从而为人体脏腑、经络乃至四肢百骸的正常活动提供物质基础，这就是传统体育养生功法能全面增强体质的原因。

第四节　传统体育养生功法的锻炼原则

一、以动为主，动静结合

传统体育养生功法在发展演变过程中从历史文化渊源、功能、观念上分为不同的流派。历史文化渊源上分别源于道教或医家；功能上分养生和治病；观念上主要分为强调身体运动、呼吸运动、意念活动或自我按摩。传统体育养生功法在练习过程中主张"动养与静养"相结合的方式。

传统体育养生功法极为丰富，主要分为强调呼吸和意念活动两类，强调呼吸的有行气、吐纳、胎息、存思、内丹等；注重意念活动类的有胎息、存思、内丹等。"动静相适"是传统体育养生功法的练功观念，主张在进行肢体运动的同时将意念活动融入。唐朝成玄英在《庄子·刻意》中提出"皆引神气，以养形魂，延年之道也，驻形之术"，晋代李顾认为导引需要"导气令和，引体令柔"，清代吴师机也认为"呼吸吐纳，熊经鸟伸"八字即导引之法，他们都在各自的观点中表明传统体育养生功法的练习需要将肢体运动、呼吸、意念引导三者合一，方能达到锻炼效果。

现代西方体育文化追求竞技、力量、速度等，而传统体育养生功法则倡导肢体运动与意念活动相结合。此外，传统体育养生功法还强调在锻炼时要动静相宜、身心合一、运动有度，从而达到治身、养生的目的。华佗认为"人体欲得劳动，但不当使极尔"，宋代蒲虔贯《保生要录》中的小劳术也主张"养生者，形要小劳，无至大疲"，由此看出，他们都主张适量运动，避免过度疲劳。

二、以内修为主，兼修外体

传统体育养生功法是身体运动与呼吸运动及自我意识相结合的特色养生理论方法体系，充分体现了"内修为主，兼修外体"的养生理念，这与中国养生文化体系注重"内养与外养"的理念是一致的，同时也避免了竞技运动中"金牌至上"的弊端。传统体育养生功法"动静相宜，内外兼修"的特质与西方追求"竞技、力量、速度"等不同，传统体育养生功法是通过改善人的生理机能水平和心理素质，提高人的精气神，促进身心健康全面发展。传统体育养生功法围绕"以人为本"，从提高人的生命质量为出发点，重视人体健康，帮助人们延年益寿、防病祛病。

三、以神导形，神形合一

传统体育养生理论的发展深受古代哲学"神形合一"思想的影响。将人的心理状态，包括人的思想、意识、意念等归为"神"；将人的身体状态、身体结构，包括内部脏腑、气血、经络和外在的筋骨、关节、肌肤等归为"形"。传统体育养生功法在练习过程中主张"神形合一"，意念要与肢体运动高度协调统一，达到以神导形、形神兼备的效果。

"神形合一"是传统体育养生功法的理论基础和实践准则。不同养生流派在练习时对"神形合一"有不同要求，有的注重精神和思想的修炼，有的则注重形体锻炼和身体运动。其中，导引术便是注重"神形合一"的养身方法，其坚持意念活动的练习，通过肢体运动、自我按摩等进行养生。从内而外地通过意念引导，促进经络运行，使气血通畅，改善内脏系统机能，从而达到身心健康、防疾祛病、益寿延年的功效。

四、以养生为主，主张养医结合

传统体育养生功法具备养生和医疗的作用。传统体育养生功法分为养生、疗养两大流派。据史料记载，从先秦到南唐时期，养生、疗养两大流派共同发展；宋明以后，疗养术逐渐发展缓慢，养生术成为发展的主流。养生术、疗养术既有区别又互渗互补。养生术是系统编排的完整套路，方法种类多样、动作丰富、内容全面、体系完整。不过在养生术发展初期，其运动形式是基于对动物动作的模仿。而疗养术方法简单，动作单一，受到治疗要求的限制，具有很强的针对性，以单式动作呈现。据医典记载，人们往往会采用这两种方式来养生健身。也充分体现了传统体育养生功法的治身、养生功效，呈现"以养为主、医养结合"的鲜明特点。

第二章

健身气功·五禽戏概述

第一节　五禽戏功法源流

　　五禽戏的起源可以追溯至我国远古时期。根据史料记载，当时中原大地河水泛滥，湿气弥漫，不少人患了于关节不利的"重腿（zhuì）"之症，为此，"乃制为舞""以利导之"。具有"利导"作用的"舞"，正是远古中华气功导引的一种萌芽。《吕氏春秋·古乐篇》也有类似记载。

　　除此之外，《庄子》所言"吹呴（xǔ）呼吸，吐故纳新，熊经鸟申（伸），为寿而已矣"提及"熊经鸟申"，并非仅指两个动物的导引动作，而是指模仿走兽飞禽的所有仿生导引动作。熊代表的是走兽，鸟代表的是飞禽，即当时的人希望通过练习这种模仿走兽飞禽的导引术，来达到长寿的养生目的。这里也是对古代养生之模仿动物姿势习练气功功法动作的形象记载。同时，湖南长沙马王堆三号汉墓出土的帛书《导引图》也有不少模仿动物的姿势，如"龙登""鹞背""熊经"，经"，虽然一部分出土的图中注文有一定的残缺，但仍可看出模仿猴、猫、犬、鹤、燕以及虎豹扑食等动作。华佗编创的五禽戏之记载最早见于陈寿的《三国志·华佗传》："吾有一术，名五禽之戏：一曰虎，二曰鹿，三曰熊，四曰猿，五曰鸟。亦以除疾，兼利蹄足，以当导引。"在范晔的《后汉书·华佗传》中，也有与此基本相同的记载。这些史书的记载，确也证明华佗编创了养生功法五禽戏。从现有文献资料来看，南北朝时名医陶弘景所著的《养性延命录》最早用文字描述了五禽戏的具体动作，南北朝距东汉末年不过 300 年，因此可以认为该套五禽戏动作比较接近华佗创编的五禽戏，但是操练起来动作难度较大。明朝周履靖的《夷门广牍·赤凤髓》，清代曹无极的《万寿仙书·导引篇》和席锡蕃的《五禽舞功法图说》等著作大多以图文并茂的方式，较为详细地描述了五禽戏的习练方法。尤其是文字说明部分，不仅描述了"五禽"的动作，而且还有神态的要求，并结合了气血的运行。但是，这些五禽戏功法的记载内容与《养性延命录》的记录有极大出入，"五禽"动作均为单式，排序也变为"虎、熊、鹿、猿、鸟"。

五禽戏发展至今，也逐渐形成不少流派，而且每个派别都有不同的风格特点，但是从整体来看，他们都是根据"五禽"的动作，结合自身练功体验所编的"仿生式"导引法，以活动筋骨、疏通气血、防病治病、健身延年为目的。不同流派主要如下，外功型：偏重肢体动作，模仿五禽动作，意在强身健体，如五禽戏功法；内功型：仿效五禽神态，以内气运行为主，重视意念锻炼，如五禽气功图；以刚为主：通过拍打、按摩来治疗疾病，甚至用于散打技击、自卫御敌，如五禽拳、五禽散手；以柔劲为主：讲究动作姿势优美矫健，以舞蹈形式为主，如五禽舞、五禽功法图。

健身气功·五禽戏的动作编排，按照《三国志·华佗传》的记载，顺序为虎、鹿、熊、猿、鸟；数量沿用了《养性延命录》的描述，每戏两动，共为 10 个动作，在功法的开始部分与结束部分，增加了起势调息和引气归元两式动作，以体现形、意、气的统一，更加符合习练者的实践，尤其适合中老年人群体的运动规律；它的动作素材来源于传统传承，吸取了优良传统的精华并对其加以提炼与改进；其中对动作的设计考虑与形体美学、现代人体运动学等进行有机结合，突出时代特征和科学健身理念；在习练过程中，健身气功·五禽戏功法的动作仿效了虎之威猛、鹿之安舒、熊之沉稳、猿之灵巧、鸟之轻捷，力求蕴含"五禽"的神韵，形神兼备，意气相随，内外统一。

　　健身气功·五禽戏作为养生导引术中的经典代表，其功效已被历史证明，现代人通过它来养生保健，长期坚持锻炼，必有收获。在健康中国的时代背景下，探寻传统体育养生文化的功能与价值，对促进全民健康、助力全民健身具有重要意义。

第二节　健身气功·五禽戏功法特点

　　健身气功·五禽戏外仿其行，内仿其神。在习练过程中表现出虎之威猛、鹿之安舒、熊之沉稳、猿之灵巧、鸟之轻捷。其功法具有以下特点。

一、安全易学，左右对称

　　健身气功·五禽戏功法整体动作简洁，且左右呈对称形式，为追求平衡发展，既可全套连贯习练，亦可侧重多练某戏，甚至还可以根据不同情况，单独只练习五戏中的某一戏，运动量的要求较为适中。健身气功·五禽戏属于有氧训练，各习练群体可根据自身情况调节每势动作的运动幅度和强度，安全可靠。

　　虽说健身气功·五禽戏整套功法动作相对简单，但是五戏中的每一动作无论是动姿或静态的，都有着独有的细化与精化的余地。例如，在第一式的"虎举"动令中，就要求习练过程中手型进行变化，单个一式动作口令要求下的手型能细化为撑掌、屈指、拧拳三个过程；两臂的举起和下落，又可分为提、举、拉、按四个阶段；并同时要求习练者将内劲贯注于动作的变化之中，眼神全程要随手而动，并带动头部的仰俯变化。经过一定时间的学习与熟悉，待习练者的整体动作熟练后，还可按照"起吸落呼"的规律以及功法的神韵要求，内外合一地进行锻炼。习练者可根据自己的身体条件和健康状况，循序渐进，逐步提高。

二、引伸肢体，动诸关节

健身气功·五禽戏的功法动作体现了身体的全方位协调运动，其中，最主要的包括前俯、后仰、侧屈、拧转、折叠、提落、开合、缩放等不同的姿势。在练习的过程中，需要对颈椎、胸椎、腰椎等部位进行有效的整体锻炼。因此，纵观健身气功·五禽戏功法动作，新功法都以腰为主轴和枢纽，同时带动上、下肢向各个方向运动，以增大脊柱的活动幅度，增强健身功效。健身气功·五禽戏功法特别注意手指、脚趾等关节的运动，以达到加强远端血液微循环的目的。

同时，习练者还要注意对平时活动较少或为人们所忽视的肌肉群的锻炼。例如，在设计"鹿抵""鹿奔""熊晃""猿提""鸟伸"等功法动作时，对习练者练习过程中可能涉及的运动点，进行了反复试验与分析，从而充分考虑到有氧运动易忽略的因素。因此，健身气功·五禽戏习练者在练习过程中应当结合自身情况，加以客观分析，再综合性地进行科学的健身锻炼，以达到有益性、严谨性的健身目的，做到习练过程的身心合一。

三、外导内引，形松意充

在五禽戏中，古人将"导引"一词的含义解释为"导气令和，引体令柔"。其中的所谓"导气令和"主要是指疏通调畅体内的气血和调顺呼吸之气；"引体令柔"，就是指活动关节、韧带、肌肉的肢体运动。健身气功·五禽戏是以模仿动物姿势、以动为主的功法，根据动作的升降开合，以形引气。与此同时，外形的动作既要仿效虎之威猛、鹿之安舒、熊之沉稳、猿之灵巧、鸟之轻捷，还要力求蕴含"五禽"的神韵，意气相随，内外合一。例如熊戏中的"熊运"口令动作，意在要求外形动作为两手在腹前划弧，腰、腹部同步摇晃，实则要求丹田内气也要随之运使，呼吸之气也要按照"起吸落呼"的规律去做，以达到"心息相依"的要求。

健身气功·五禽戏功法动作的习练过程，要求习练者在保持功法要求的正确姿势前提下，尽量将各部分肌肉全程放松，力求一种舒适自然的状态，尽量肢体运行不僵硬、不软塌。

四、动静结合，练养相兼

健身气功·五禽戏在实践练习过程中的动作和姿势，整体呈现舒展肢体、活络筋骨的状态。同时要求习练者在功法的起势、收势以及每一戏结束后，配以短暂的静功站桩，以引导参与者进入一个相对平稳的状态和"五禽"的最佳意境，调整人体习练的气息与宁心安神，同时起到"外静内动"的功效。

对此，要求习练者在健身锻炼的过程中，能够主动排除杂念，使自身的运动、思想达到一种相对"入静"的状态；同时，在进行静功站桩时，虽然习练者的形体大致处于安静状态，但是健身气功·五禽戏功法动作要求习练者在此状态下，尽量体会到体内的气息运行以及"五禽"意境的转换变化。因此，在健身气功·五禽戏功法的运动实践过程中，就需要最大程度地做到动与静的有机结合，从而实现动、静阶段的交替出现，进而达到练、养两相宜的相兼互补，进一步实现练功健身的效果。

第三节　健身气功·五禽戏习练要领

健身气功·五禽戏是一套仿身象形的健身功法，是一种追求外动内静、动中求静且动静兼备的综合性功法动作，与此同时，还需有刚有柔、刚柔相济、内外兼练。健身气功·五禽戏习练者能够在锻炼过程中，唤醒人们对大自然的喜爱以愉悦心情。因此习练者在健身气功·五禽戏练习过程中，需要遵循其健身功效价值与习练注意要领进行健身实践，从而获得健身价值。

一、健身气功·五禽戏的健身原理

　　仿生是生物学和体育运动相结合的一种产物。通过仿生，有效地应用生物功能，从生物独具个性的动作与功能中得以启示，配以人体的形体运动，经过提炼、组织和加工，从而产生独具健身价值的运动形式。

　　健身气功·五禽戏是一套经典的仿生象形功法，要求习练者在锻炼时要注意全身放松以及意守丹田，同时需要尽量做到呼吸均匀，外形和神气要像五禽，通过模仿动物来达到形态的外动内静、动中求静，与动作的刚柔并济，整体练习达到内外兼备的效果。在锻炼结束时，从头到脚出薄汗，即达到锻炼的最佳时长，至此也可以视为锻炼导致身体有暖融融的感觉。健身气功·五禽戏功法动作整体以有氧运动的形式展开，在习练过程中增加运动趣味，最终达到游戏状态下的愉悦健身。

（一）形，即练功时的姿势

　　古人云"形不正则气不顺，气不顺则意不宁，意不宁则神散乱"，对此可以理解为：在健身运动练习过程中，要求习练者的姿势做到良好的状态。习练者开始练功时，头身正直，含胸垂肩，体态自然，以致习练者的身体各部位放松、舒适，不仅肌肉放松，而且精神上也要放松，呼吸要调匀，逐步进入练功状态。在此过程中还要求习练者整体状态为：松中有紧，柔中有刚，切不可用僵劲。只有放松使出来的劲才会柔中有刚，使动作柔和连贯，不致僵硬。

　　健身气功·五禽戏功法动作要求习练每戏之始，要根据动作的名称含义，做出与之相适应的动作造型，动作到位，合乎规范，努力做到"演虎像虎""学熊似熊"。在练习过程中要根据健身气功·五禽戏五式动作的不同属性特征，对不同注意重点进行区分性锻炼与衔接性结合处理。例如：习练第一式虎戏时，要表现出威猛的神态，目光炯炯，摇头摆尾，扑按搏斗等，有助于强壮体力。习练第二式鹿戏时，要仿效鹿的心静体松，姿势舒展，把鹿的探身、仰脖、缩颈、奔跑、回首等神态表现出来。习练第三式熊戏时，要表现出熊的浑厚沉稳，表现出撼运、抗靠、步行时的神态。熊外似笨重，走路软塌塌，实际上在沉稳之中又富有轻灵。

习练第四式猿戏时，要仿效猿猴的敏捷好动，表现出纵山跳涧、攀树蹬技、摘桃献果的神态，有助于发展灵活性。习练最后一式即第五式鸟戏时，要表现出亮翅、轻翔、落雁、独立等动作神态，以有助于增强肺的呼吸功能，调理气血，疏通经络。尤其对其动作的起落、高低、轻重、缓急、虚实要分辨清楚，不僵不滞，柔和灵活，以达到"引挽腰体，动诸关节，以求难老"的功效。

（二）神，即神态、神韵

健身气功属于中华民族传统文化的一个重要组成部分，亦遵循其养生之道，而健身气功·五禽戏的养生之道主要在于"形神合一"。因此，需要习练健身气功的参与者做到"唯神是守"。因为只有"神"守于"中"，而后才能"形"全于"外"。而健身气功·五禽戏中所谓"戏"包含玩耍、游戏之意，也正是健身气功·五禽戏与其他健身气功功法不同之处。因此，健身气功·五禽戏习练者只有掌握"五禽"的神态，从而进入其玩耍、游戏的意境，方能将健身气功·五禽戏的神韵显现出来，整体动作形象才可能逼真。对于虎戏，要仿效虎的威猛气势，虎视眈眈；鹿戏要仿效鹿的轻捷舒展，自由奔放；对于熊戏，在习练过程中要仿效熊的憨厚刚直，步履沉稳；在猿戏中，要仿效猿的灵活敏捷，轻松活泼；在鸟戏中，仿效其昂首挺立，轻盈潇洒。整体掌握健身气功·五禽戏的五戏神韵，将形象化尽量做到极致，才能最大程度复刻其健身功效。

（三）意，即意念、意境

《黄帝内经》记载："心为五脏六腑之大主，心动五脏六腑皆摇。"这里的"心"指的是大脑，意为人的独立思维活动与人的情绪变化因素有关，旨在揭示这些因素能够影响五脏六腑的功能。因此，在习练中，习练者要尽可能排除不利于身体健康的情绪和思想，为健身锻炼创造一个较清净的状态。

首先，在开始练功前，需要将意念集中至腹部下丹田处，使思想集中，排除杂念，做到心静神凝。用意想着脐腹部，有助于形成腹式呼吸，做到上虚下实，即胸虚腹实，使呼吸加深，增强内脏器官功能，使血液循环旺盛。身体下部充实，有助于克服中老年人常易发生的头重脚轻和上盛下虚的病象。此外，做到上虚下实，动作才能轻巧灵便、行动自如等。

其次，习练健身气功·五禽戏的每一戏时，逐步进入"五禽"的意境，模仿不同动物的动作。练"虎戏"时，要意想自己是深山中的猛虎，伸展肢体，抓捕食物；练"鹿戏"时，要意想自己是原野上的梅花鹿，众鹿戏抵，伸足迈步；练"熊戏"时，要意想自己是山林中的黑熊，转腰运腹，自由漫行；练"猿戏"时，要意想自己是置于花果山中的灵猴，活泼灵巧，摘桃献果；练"鸟戏"时，要意想自己是江边仙鹤，抻筋拔骨，展翅飞翔。意随形动，气随意行，达到意、气、形合一，以此来疏通经络，调畅气血。最后，按照"起吸落呼"的规律以及功法神韵要求，内外合一地进行锻炼。同时，习练者可根据自己的身体条件和健康状况，循序渐进，逐步提高自身健康状态。

（四）气，指练功时对呼吸的锻炼，也称调息

所谓"气"，主要是指习练者要有意识地调整呼吸，不断去体会、掌握、运用与自己身体状况或与动作变化相适应的呼吸方法。然而，对于健身气功·五禽戏初学者来说，首先要学会动作，明确其含义，再使自身实践姿势达到舒适的最佳状态。古人说："使气则竭，屏气则伤。"后世在健身气功·五禽戏练习过程中应引以为戒，尤其重视呼吸与肢体动作的配合协调。习练健身气功·五禽戏呼吸和动作的配合过程中，要注意起吸落呼、开吸合呼、先吸后呼、蓄吸发呼。其中呼吸形式有自然呼吸、腹式呼吸、提肛呼吸等，但习练者也可根据姿势变化或劲力要求而选用适合自身的呼吸方式。但是，不论习练者使用哪种呼吸形式，都应该首先注重松静自然，不能憋气。同时，呼吸的"量"和"劲"都不能过大，以不疾不徐为宜，逐步达到缓慢、细匀、深长的程度，以利身体健康。

练功前，先做几次深呼吸，调匀呼吸。练功当中，呼吸要自然平稳，最好用鼻呼吸，不可张口喘粗气，而要悠悠吸气，轻轻呼气，会自然形成腹式呼吸，使运动幅度加大，腹肌收缩有力，对内脏器官有好处。健身气功·五禽戏包括起势、收功、五式（虎、鹿、熊、猿、鸟）动作，共计十二个口令动作。整体动作相对简单，上手容易，但要练得纯熟，须在学习之初将动作细化、精化，再经过一段时间的认真习练。

1. 由浅入深

初学者必须先掌握动作的姿势变化和运行路线，搞清来龙去脉，跟随他人一起边模仿边练习，尽快融入集体习练，初步做到"摇筋骨，动肢节"，无须将呼吸进行配合，做到呼吸自然、不憋气。在后期习练时，需要注意动作的细节，初期练习可以采用上、下肢分解练习，过渡到以腰为轴的完整动作习练，最后进行逐动、逐戏和完整功法的习练，使动作符合规范，最终达到熟练的程度。与此同时，需要注重动作和呼吸、意识、神韵的统一，充分理解动作的内涵和意境，真正达到"形神兼备、内外合一"。

2. 因人而异

习练时，对于中老年人特殊群体，尤其是患有慢性疾病者而言，需要根据自身体质状况适度开展。在该群体的练习过程中，需要注意动作快慢的节奏，以及步姿站位的高低与幅度的大小，尤其是锻炼的时长和习练的遍数及整体运动量的大小等，应该很好地把握。其原则是练功后精神愉快，心情舒畅，肌肉略感酸胀，但不感到太疲劳，不妨碍正常的工作和生活。特别需要指出的是，不要盲目追求功效，以至于动作还未完全掌握的前提下，就超前追求内在体验，该锻炼方式不可取，甚至会导致不良健身后果。练功必须由简到繁，由浅入深，循序渐进，逐步掌握。只有这样，才能保证把基础打好，防止出现偏差。

第四节　健身气功·五禽戏功理作用

健身气功·五禽戏习练过程讲求意守、调息和动形协调统一。其中"意守"主要指精神宁静，神静则可以培育真气；"调息"可以行气，通调经脉；"动形"可以强筋骨，利关节。健身气功·五禽戏功法要点："鹿运两胁疏肝木，猿运心胸益心火，熊运脘腹健脾土，鸟运胸肺补肺金，虎运肾腰固肾水。"根据健身气功·五禽戏动作的含义来看，功法动作主要是模仿五种禽兽的功法套路动作，所以，意守的部位有所不同，动作不同，所起的作用也有所区别。同时，现代医学研究证明，健身气功·五禽戏是一种行之有效的锻炼方式。它能够提高习练者神经系统的功能，并提高大脑的抑制功能和调节功能，有利于神经细胞的修复和再生。而且，健身气功·五禽戏锻炼也能提高人体的肺功能及心脏功能，从而改善心肌供氧量，提高心脏排血力，促进组织器官的正常发育。同时还能增强肠胃的活动及分泌功能，促进消化吸收，为机体活动提供养料。

一、增强肌肉力量、关节灵活性

健身气功·五禽戏功法动作所涉及的运动部位十分全面，包括头颈部的俯仰、肢体旋摆、蹲起、平衡等，它是一种中等强度的以有氧代谢为主的运动，适合所有人群，尤其适合中老年人和特殊群体。周期性适度科学地进行健身气功·五禽戏锻炼，可在一定程度上有效提高中老年人运动系统的能力，增强人体各运动器官的功能，并不断增加肌肉力量，从而缓解骨质疏松，进一步增加各关节的灵活性以及机体自身的稳定性。例如：第一式虎戏的各种步法变换对关节的灵活性有一定的锻炼作用，能够有效防止关节疼痛等，可以帮助促进关节健康。经常练习能使人强筋健骨，精力旺盛。

二、调节呼吸，增强心肺功能

随着年龄的增长，中老年人群体呼吸系统的功能逐渐衰退，胸部活动度逐渐降低，具体表现为呼吸虚弱，从而造成肺通气和肺换气能力下降。而健身气功·五禽戏的逆腹式呼吸能有效增加肺活量，进而加强呼吸功能，促进肺循环，改善心肺功能，同时能有效预防和治疗气管炎、肺气肿等呼吸道方面的疾病。例如：第五式鸟戏主要动作是各种伸展运动，能够加强呼吸作用，充分发挥肺部功能，从而改善人的生理机能。

三、促进消化，调节脾胃功能

健身气功·五禽戏中部分弯腰、转身动作使得习练者可以加快肠胃蠕动，提高消化系统的机能。在锻炼过程中，习练者会主动感受五种动作形态，感受举手投足之间的意气相随，进而有效提高神经系统的兴奋与抑制的协调性，缓解某些因神经系统机能紊乱而产生的肠胃疾病，如消化不良、慢性肠炎、便秘等。熊戏，即模仿熊的形象，熊体笨力大，外静而内动，要求意守中宫（脐内），以调和气血。如此习练可以使头脑虚静，意气相合，真气贯通，有健脾益胃之功效。

四、疏肝利胆，强腰固肾

健身气功·五禽戏中的第一式虎戏，主要是模仿虎的形象，取其神气、善用爪力和摇首摆尾、鼓荡周身的动作，要求意守命门，命门乃是元阳之居、精血之海，意守此处，能强腰固肾，壮骨生髓。习练者在锻炼时除了需要掌握动作特征之外，还要将虎之威猛仿效出来。因此，进行虎戏练习，可以增强人体肝胆的疏泄功能，对糖尿病等内分泌疾病有较好的辅助治疗效果。

五、悦心情、畅心志

健身气功·五禽戏第四式猿戏，主要是要求习练者模仿猿的形象，猿机警灵活，好动无定。练此戏时，就要求肢体运动灵活，内练抑制思想活动，达到思想清静、体轻身健的目的。经常练习猿戏能使头脑灵活，增强记忆力，可以愉悦心情、通畅心志，改善心悸、心慌、失眠、多梦、盗汗、四肢发冷等症状。

总之，健身气功·五禽戏的五种功法各有侧重，但又是一个整体、一套有系统的功法，如果经常练习而不间断，则养精神、调气血、益脏腑、通经络、活筋骨、利关节。习练者在进行健身气功·五禽戏功法动作练习时，需要神静而气足，气足而生精，精足而化气动形，达到三元（精、气、神）合一，则可以收到祛病、健身的效果。正如华佗所说："亦以除疾，兼利蹄足。"

第三章

健身气功·五禽戏动作技术分析

五禽戏是中国民间广为流传，甚至是流传时间最久的健身方法之一，据传华佗的徒弟吴普依法锻炼，活到 90 多岁，耳不聋、眼不花、牙齿完好。2011 年 5 月 23 日，华佗五禽戏经国务院批准列入第三批国家级非物质文化遗产名录。五禽戏作为养生导引术中的经典代表，其功效已被历史证明，现代人可以选择健身气功·五禽戏来养生保健，长期坚持锻炼，必有收获。

练功前，先做几次深呼吸，调匀呼吸。练功当中，呼吸要自然平稳，最好用鼻呼吸，不可张口喘粗气，而要悠悠吸气、轻轻呼气，做起动作来会自然形成腹式呼吸，使运动幅度加大，腹肌收缩有力，对内脏器官有好处。每种动作分为两式，如虎戏分为虎举和虎扑，鹿戏分为鹿抵和鹿奔，熊戏分为熊运和熊晃，猿戏分为猿提和猿摘，鸟戏分为鸟伸和鸟飞。健身气功·五禽戏每戏动作分别具有不同的练习功效：虎戏强肝以舒筋，鹿戏强肾以壮骨，熊戏健脾以和胃，猿戏宁心以安神，鸟戏开合以润肺，锻炼最佳时有"沾濡汗出"之感。其作为我国传统的健身功法，由于其动作简洁、老少皆宜及其强身健体、防病治病的功效，备受民众喜爱，习练者众多。

第一节　起势调息

一、预备姿势

　　两脚并拢，自然伸直，双手自然垂于身体两侧，胸腹放松，头正项直，下颏微收，舌抵上腭，目视前方。（图 3.1.1）

图 3.1.1

二、起势调息

　　"劳宫穴"：属手厥阴心包经。在手掌心，当第 2、3 掌骨之间偏于第 3 掌骨，握拳屈指时中指尖处。主治昏迷，晕厥，中暑，呕吐，心痛，癫狂，痫症，口舌生疮，口臭，鹅掌风等。

（一）口令

　　起势调息动作共有两个口令：

1. 口令 1："两脚开立，两臂自然下垂，目视前方，舌抵上颚，调匀呼吸，意守丹田"

左脚向左平开一步，略宽于肩，两膝微屈，松静站立，调息数次，意守丹田。（图 3.1.2）

2. 口令 2："上提—下按"

（1）肘微屈，两臂在体前向上、向前平托，与胸同高。（图 3.1.3、图 3.1.4）

（2）两肘下垂外展，两掌向内翻转。（图 3.1.5、图 3.1.6）

（3）两手缓慢下按于腹前，目视前方。（图 3.1.7、图 3.1.8）

起势调息动作重复三遍后，两手自然垂于体侧。（图 3.1.9）

图 3.1.2

图 3.1.3

图 3.1.4

图 3.1.5

图 3.1.6

图 3.1.7

图 3.1.8

图 3.1.9

（二）动作要点

两臂上提下按，意念放在两掌劳宫穴，动作柔和、均匀、连贯。动作亦可配合呼吸，两臂上提时配合吸气，下按时加以呼气调整。

（三）易犯错误

（1）向左开步时，两膝过于挺直，身体左右摇晃。

（2）两掌上提下按时，运行路线直来直往，两肘尖外扬，肩膀上耸，动作僵硬。

（四）纠正方法

（1）开步前，两膝先微屈；开步时，身体重心先落于右脚，左脚提起后，再缓缓向左移动，左脚掌先着地，使重心保持平稳。

（2）意念沉肩，再两臂起动，肘尖有下垂感觉，两掌上提、内合、下按，运行路线成弧线，圆活自然且流畅。

（五）功理与作用

排除杂念，诱导入静，调和气息，宁心安神。吐故纳新，升清降浊，调理气机。

第二节　虎戏

"虎爪"：五指张开，虎口撑圆，第一、二指关节弯曲内扣。

一、虎举

（一）口令

虎举动作一共有四个口令：

1. 口令1："握拳"

双手形成"掌"的姿势，十指撑开，指尖向前，掌心向下，置于腹前约15厘米处，全程目视两手。屈指成虎爪状，随后，两手外旋，小指先弯曲，其余四指依次弯曲握拳。（图3.2.1—图3.2.3）

2. 口令2："上举"

两拳沿体前缓慢上提至肩前，然后十指松开成掌，举至头上方，手指随上手撑开，掌心向上，指尖相对，目视两掌，目随手走。（图3.2.4—图3.2.6）

3. 口令3："握拳"

两手屈指成虎爪状，两手外旋握拳，拳心相对，目视两拳。（图3.2.7—图3.2.9）

4. 口令 4："下拉"

两拳下拉至肩前时变掌,沿体前下按落至腹前,十指撑开,掌心向下,目视两掌。(图 3.2.10—图 3.2.13)

该动作共重复四次。最后一次下拉时,目视前方,两手自然垂于体侧。(图 3.2.14、图 3.2.15)

图 3.2.1

图 3.2.2

图 3.2.3

图 3.2.4

图 3.2.5

图 3.2.6

图 3.2.7

图 3.2.8

图 3.2.9

图 3.2.10

图 3.2.11

图 3.2.12

图 3.2.13

图 3.2.14

图 3.2.15

（二）动作要点

（1）十指撑开到最大，有弹性地屈指成"虎爪"，双手握拳需发力握紧，且三个环节均要贯注劲力。

（2）两拳拳心相对，提至胸前时再松开，胸是拳掌的分界线。

（3）眼随手动。拎起来像提水，往上托天，下拉时似拉吊环，下按时如从水上按浮漂球体。

（4）动作可配合呼吸，上举时吸气，下落时呼气。初学者可循序渐进，逐渐使得自身动作技能加以呼吸的科学配合。

（三）易犯错误

手直接由掌变为拳，虎爪形成过程形态不明显。两掌上举时，身体后仰程度过大，成反弓状。两拳拳心面向正前方或自己身体冠状面。

（四）纠正方法

手指撑开后，先依次屈扣第一、二节指关节，再紧握成拳。两掌向头部正上方托举，身体与地面保持垂直。保持两拳之间拳心相对状态。

（五）功理与作用

（1）两掌举起，吸入清气；两掌下按，呼出浊气。一升一降，疏通三焦气机，调理三焦功能。

（2）手成虎爪变拳，可增强握力，改善上肢远端关节血液循环。旋腕可以刺激手的三阴三阳经。

二、虎扑

（一）口令

虎扑动作包括五个口令：

1.口令1："两手上提"

两手握空拳，沿身体两侧上提至胸侧，目视前方。（图3.2.16、图3.2.17）

2.口令2："前伸"

（1）两手向上、向前划弧，十指弯曲成虎爪，掌心向下，同时上体前俯，挺胸塌腰，挺膝，怒目而视。（图3.2.18—附图3.2.20）

（2）辅助动作：两手放在膝上，塌腰，抬头，臀部往后，然后两手往前伸，手臂和身体成一直线。可两人配合练习，做动作时不可强求。

3. 口令 3："下按"

两腿屈膝下蹲，收腹含胸，同时，两手距离为一个半肩宽度， 向下划弧至两膝外侧，掌心向下，目视前下方。下按时勿有意用力。（图 3.2.21）

4. 口令 4："上提"

两腿伸膝，送髋，挺腹，后仰，同时两掌握空拳，沿体侧向上提至胸侧，目视前上方。（图 3.2.22—图 3.2.24）

5. 口令 5："下扑"

重心移至右脚，左腿屈膝提起，两手上举。左脚向前迈出一步，脚跟着地，右腿屈膝下蹲成左虚步。同时上体保持中正，两拳变"虎爪"向前、向下扑至两膝侧前方，与髋同高， 掌心向下，目视前下方。（图 3.2.25—图 3.2.28）

左脚收回，开步站立，两手自然下落于体侧，目视前方。（图 3.2.29、图 3.2.30）

图 3.2.16

图 3.2.17

图 3.2.18

图 3.2.19

图 3.2.20

附图 3.2.20

图 3.2.21

图 3.2.22

图 3.2.23

图 3.2.24

图 3.2.25

图 3.2.26

图 3.2.27

图 3.2.28

图 3.2.29

图 3.2.30

然后做右边动作，右边动作与左边动作相同，方向相反。（图 3.2.31—图 3.2.46）整个虎扑动作左右为一次，共做两次。

图 3.2.31

图 3.2.32

图 3.2.33

图 3.2.34

图 3.2.35

图 3.2.36

图 3.2.37

图 3.2.38

图 3.2.39

图 3.2.40

图 3.2.41

图 3.2.42

图 3.2.43

图 3.2.44

图 3.2.45

图 3.2.46

（二）动作要点

（1）上体前俯，两手尽力向前伸，臀部后引，充分伸展脊柱。

（2）屈膝下蹲，收腹含胸，使脊柱形成由折叠到展开的变化，两掌下按、上提相互协调。

（3）虚步下扑时，速度可加快，气由丹田发出，以气催力，表现出虎的威猛。

（4）虎戏针对的是人体的肝脏，而肝开窍于目，因此我们在练习时要做到虎视眈眈。动作有"由慢到快"的节奏。肝胆经走的是人体两肋，因此我们在上提时可摩运两肋，达到锻炼肝经的目的。

（5）中老年练习者或者体弱者，可根据情况适当减小动作幅度。

（三）易犯错误

（1）"虎爪"和握拳两种手形的变化过程掌握不当。

（2）身体由折弯到展开不够充分，两手配合不够协调。

（3）向前迈步成虚步时，重心不稳，左右摇晃。

（四）纠正方法

（1）两手前伸抓扑时，拳变"虎爪"，力达指尖由柔转刚；两掌向里划弧回收时，"虎爪"屈拢，轻握空拳，由刚转柔。

（2）身体前挺展开时，两手要注意后伸，运行路线要成弧形，协助身体完成屈伸蠕动。

（3）迈步时，两脚横向间距要保持一定宽度，适当增大稳定角度。

（五）功理与作用

（1）增加脊柱各关节的柔韧性和伸展度，可使脊柱保持正常的生理弧度。

（2）增强腰部肌肉力量。

（3）牵动任、督两脉，起到调理阴阳、疏通经络、活跃气血的作用。

三、调息

"调息"：两掌向身体侧前 45° 举起，与胸同高，掌心向上，目视前方。屈肘，两掌内合，掌心向内，高与胸平，随即两掌内旋，下按，掌心向下。两手自然垂于体侧，目视前方。（图 3.2.47—图 3.2.53）

图 3.2.47

图 3.2.48

图 3.2.49

图 3.2.50

图 3.2.51

图 3.2.52

图 3.2.53

第三节　鹿戏

"鹿角"：拇指伸直外张，食指、小指伸直，中指、无名指弯曲内扣。

一、鹿抵

（一）口令

鹿抵动作共三个口令：

1. 口令 1："迈步"

两腿微屈，身体重心移至右腿，左脚经右脚内侧向左前方 45° 方向迈步，脚跟着地。同时，身体稍右转，两手握空拳，向右侧摆起，拳心向下，高与肩平，目随手动，视右拳。（图 3.3.1—图 3.3.3）

2. 口令 2："转腰下视"

身体重心前移，左脚全脚掌落地，左腿屈膝，脚尖外展（不能超过 90°），右腿蹬实伸直，同时身体左转，两掌成"鹿角"，右手向上、向左、划弧至额前上方，掌心向外，指尖朝斜后方。同时手向左平摆外展，左肘抵靠左腰侧，掌心向外，指尖朝斜后方。目视右脚跟。（图 3.3.4、图 3.3.5）

3. 口令 3："还原"

身体右转，左脚收回，开步站立，同时两手先向左伸出，然后向上、向右、向下划弧，当两手摆至右侧平举时，两手变空拳下落于体前，目视前方。（图 3.3.6—图 3.3.10）

图 3.3.1

图 3.3.2

图 3.3.3

图 3.3.4

图 3.3.5

图 3.3.6

图 3.3.7

图 3.3.8

图 3.3.9

图 3.3.10

然后做右边动作，右边动作与左边动作相同，方向相反。（图 3.3.11—图 3.3.19）
鹿抵动作左右为一次，共做两次。

图 3.3.11

图 3.3.12

图 3.3.13

图 3.3.14

图 3.3.15

图 3.3.16

图 3.3.17

图 3.3.18

图 3.3.19

（二）动作要点

（1）腰部侧屈拧转，侧屈的一侧腰部要压紧，另一侧腰部则借助上举手臂后伸，得到充分牵拉。

（2）后脚脚跟蹬实，加大腰腹部的拧转幅度。

（3）两掌划弧摆动时吸气，向后伸抵时呼气。做动作时，注意手的位置、手的路线和手型变化。

（三）易犯错误

（1）腰部侧屈拧转时，身体过于前倾。

（2）身体侧屈幅度不够，眼睛下视时看不到脚后跟。

（四）纠正方法

（1）后腿沉髋，有助于上体正直，可加大腰部拧转幅度。

（2）重心前移，增加前腿膝关节弯曲度，同时加大上举手臂向后下方伸展的幅度。

（五）功理与作用

（1）使脊柱充分旋转，增强腰部肌肉力量，防止腰部的脂肪沉积。

（2）目视脚后跟，可防止腰椎小关节紊乱等。

（3）"腰为肾之府"，具有强腰补肾、强筋健骨的功效。

（4）脚跟走肾经，眼下看，心火下行，形成心肾相交。另外，看脚跟可加大旋转角度，运转尾闾，拉大幅度。

二、鹿奔

（一）口令

鹿奔动作共四个口令：

1. 口令 1："上步"

左脚划弧向前蹬落，屈膝，右腿伸直成左弓步，正对前方；同时两手握空拳，像"摇橹"一样，向上、向前划弧至体前，手与肩同高同宽，迅速下压屈腕，拳心向下，目视前方。（图 3.3.20—图 3.3.22）

2. 口令 2："后坐"

身体重心后移，左膝伸直，全脚掌着地，右腿屈膝；低头、弓背含胸、收腹，尽量把背拉开，同时，两臂内旋，两掌尽量前伸，掌背相对，拳变"鹿角"。（图 3.3.23、附图 3.3.23）

3. 口令 3："前移"

身体重心前移，上体抬起，右腿伸直，左腿屈膝，成左弓步；松肩沉肘，两臂外旋，"鹿角"变空拳，高与肩平，拳心向下，目视前方。（图 3.3.24）

4. 口令 4："收回"

左脚收回，脚尖点地。两脚提踵至最高点，然后左脚下踩，全脚掌着地，右脚脚尖点地。下落时要轻盈，目视前方。（图 3.3.25、图 3.3.26）

图 3.3.20

图 3.3.21

图 3.3.22

图 3.3.23

附图 3.3.23

图 3.3.24

图 3.3.25

图 3.3.26

进而习练右边动作。右边动作与左边动作相同，方向相反。（图 3.3.27—图 3.3.31）

鹿奔一左一右为一次，共做两次。

图 3.3.27

图 3.3.28

图 3.3.29

图 3.3.30

图 3.3.31

（二）动作要点

提脚前跨须有弧度，落步轻灵。身体后坐时，两臂前伸，胸部内含，背部形成"横弓"；头前伸，背后拱，腹收紧，臀内敛，形成"竖弓"状。身体后坐时配合吸气，重心前移时配合呼气。

（三）易犯错误

（1）落步后两脚成一线，重心不稳，身体上肢紧张歪扭。

（2）背部成"横弓"与躯干"竖弓"不明显。

（四）纠正动作

（1）脚提起后，向同侧肩部正前方跨步，保持两脚横向宽度。

（2）注意落脚距离，迈大步落小步，需要保证方便后坐，同时方便换脚。

（3）加大两肩内旋幅度，可增大收胸程度；头髋前伸，收腹后顶，可增大躯干的后弯幅度。

（五）功理与作用

（1）两臂内旋前伸时肩背部肌肉得到牵拉，躯干弓背收腹时矫正脊柱畸形。

（2）向前落步时，气充丹田，加强了先天气与后天气的交流，重心后坐时，疏通督脉经气，具有振奋全身阳气的作用。

三、调息

"调息"：两掌向身体侧45°举起，与胸同高，掌心向上，目视前方。屈肘，两掌内合，掌心向内，高与胸齐，随即两掌内旋，掌心向下，下按。两手自然垂于体侧，目视前方。（图3.3.32—图3.3.38）

图 3.3.32

图 3.3.33

图 3.3.34

图 3.3.35

图 3.3.36

图 3.3.37　　　　　　　　　　　图 3.3.38

第四节　熊戏

"熊掌"：习练时要求拇指压在食指指端上，其余四指并拢弯曲，虎口撑圆。

一、熊运

（一）口令

熊运动作共四个口令：

音乐口令提示至"熊运"时，先吸气，两手成"熊掌"，拳眼相对，放于肚脐上，然后随着呼气，下落于脐下三寸，同时两腿微屈。目视前下方。（图 3.4.1）

1. 口令 1："右"

两腿保持微屈，以腰、腹为轴，上体做顺时针摇晃，身体向右倾斜。同时两手向右移到右肋部离肚脐三寸的位置。（图 3.4.2）

2. 口令 2："上"

两腿不动，上体继续顺时针摇晃，身体略后仰，同时两手上移到上腹部离肚脐三寸的位置。（图 3.4.3）

3. 口令 3："左"

两腿不动，上体继续顺时针摇晃，身体向左倾斜，同时两手向左移到左肋部离肚脐三寸的位置。（图 3.4.4）

4. 口令 4："下"

两腿不动，上体继续顺时针摇晃，身体向下，同时两手下移回起始位置。（图 3.4.5）

重复一次后，再逆时针做左边动作两遍，左边动作与右边动作相同，方向相反。（图 3.4.6—图 3.4.9）然后两手变掌下落，自然垂于体侧，目视前方。（图 3.4.10）

图 3.4.1

图 3.4.2

图 3.4.3

图 3.4.4

图 3.4.5

图 3.4.6

图 3.4.7

图 3.4.8

图 3.4.9

图 3.4.10

（二）动作要点

（1）两掌划圆时，因腹部的摇晃而牵动，要协调自然。

（2）两掌划圆为外导，腰腹摇晃为内引，意念内气在腹部丹田运行。身体上提时吸气，身体前俯时呼气。

（3）习练该技术动作时，把腹部想象成一个时钟的表面，身体为长针，手是短针，肚脐为中心，完全放松，打开吸气，下落时挤压腹部，呼气。左右侧倾时，头摆正，髋放松。而丹田部位像海一样晃动。一定要注意身体在一个平面晃动，起到调理脾胃的作用。手放在腹部上面，不要自己用力去按摩，只是带动丹田之气运转。向下时腿微曲，向上时腿略微打直。

（三）易犯错误

（1）两掌贴腹太紧或主动划圆形成摩腹动作。

（2）以腰胯为轴进行转动或身体摇晃幅度过大。

（四）纠正方法

（1）肩肘放松，两掌轻附于腰、腹，体会用腰、腹的摇晃来带动两手运行。

（2）相对固定腰、胯位置，身体摇晃时，在意念上是做立圆摇转。因此，当向上摇晃时，做提胸收腹，充分伸展腰、腹。向下摇晃时，做含胸松腹，挤压脾、胃、肝等中焦区域的内脏器官。

（五）功理与作用

（1）活动腰部关节和肌肉，防止腰肌劳损。

（2）腰腹转动，可加强脾胃的运化功能。

（3）运用腰腹摇晃对消化器官进行体内按摩。

二、熊晃

辅助练习：两肩保持水平、重心移向右脚，首先上提左髋，牵动左腿提起，再原处落下，然后重心左移，上提右髋。注意提髋时肩不动，腹外斜肌用力，落地时踝、膝放松。

（一）口令

熊晃动作共四个口令：

1. 口令 1："提髋"

身体重心右移，左髋上提，牵动左脚离地，再微屈左膝，两手成"熊掌"，目视左前方。（图 3.4.11）

2. 口令 2："落步"

身体重心前移，左脚向左前方落地，脚掌自然下落，落脚比肩宽，全脚掌踏实，脚尖朝前，右腿伸直；身体右转，左臂内旋前靠，左手摆至左膝前上方，手心朝左；右手摆至体后，手心朝后，目视左前方。（图 3.4.12）

3. 口令 3："后坐"

身体左转，重心后坐；右腿屈膝，左腿伸直；拧腰晃肩，带动两臂前后弧形摆动；右手摆至左膝前上方，手心朝右；左手摆至体后，手心朝右，目视左前方。（图 3.4.13）

4. 口令 4："前靠"

身体右转，重心前移；左腿屈膝，右腿伸直；同时以腰带动左臂内旋前靠，左手摆至左膝前上方，手心朝左；右手摆至体后，手心朝左，目视左前方。（图 3.4.14）

然后做右边动作，右边动作与左边动作相同，方向相反。（图 3.4.15—图 3.4.18）

熊晃一左一右为一遍，共做两遍。

然后收左脚上步与右脚平行站立，与肩同宽，两手自然垂于体侧，目视前方。（图 3.4.19）

图 3.4.11

图 3.4.12

图 3.4.13

图 3.4.14

图 3.4.15

图 3.4.16

图 3.4.17

图 3.4.18

图 3.4.19

（二）动作要点

（1）用腰侧肌群收缩来牵动大腿上提，按提髋、起腿、屈膝的先后顺序提腿。两脚前移，全脚掌踏实，使震动传至髋关节处，体现熊的沉稳厚实。

（2）注意提后马上放松，然后把整个重心落在前脚，身体的整个重量在前脚。

（3）注意后坐时前脚不要离地。

（4）后坐和前靠各有一个压紧和放松，感到紧后就要马上放松。

（三）易犯错误

没有提髋动作，直接屈膝提脚，向前迈步。落步时，脚用力前踏，髋关节处没有震动感。

（四）纠正方法

（1）可先练习左右提髋，以此体会腰侧肌群收缩状态。

（2）提髋，屈膝，身体重心前移，脚自然落地，体重落于全脚掌。同时踝、膝关节放松，使震动感传至髋部。

（五）功理与作用

身体左右晃动，意在两肋、调理肝脾。

提髋行走，加上落步的微震增加肌肉力量，提高平衡，防止下肢无力、髋关节损伤、膝痛等症状。

三、调息

"调息"：两掌向身体侧45°举起，与胸同高，掌心向上，目视前方。屈肘，两掌内合掌心向内，高与胸齐，两手内旋，掌心向下，下按。两手自然垂于体侧，目视前方。（图3.4.20—图3.4.26）

图 3.4.20

图 3.4.21

图 3.4.22

图 3.4.23

图 3.4.24

图 3.4.25

图 3.4.26

第五节　猿戏

"猿钩"：要求五指指腹捏拢，屈腕。此过程手指不要过于弯曲。

"膻中穴"：在前正中线上，两乳头连线的中点。

一、猿提

（一）口令

猿提动作共有三个口令：

1. 口令1："上提"

两手成掌，指尖相对，置于腹前约10厘米处。屈腕撮拢捏紧"猿钩"。（图 3.5.1、图3.5.2）

两掌上提至胸，两肩上耸，收腹提肛；同时脚跟提起。（图3.5.3）

2. 口令2："转头"

头向左转，目视身体左侧，然后头转正。（图3.5.4、图3.5.5）

3. 口令3："下按"

两肩下沉，松腹落肛，脚跟着地；"猿钩"变掌，掌心向下，两掌沿体前下按落于体侧，目视前方。（图3.5.6—图3.5.8）

然后做右边动作。右边动作与左边动作相同，方向相反。（图3.5.9—图3.5.16）

猿提动作，习练时一左一右为一遍，共做两遍。

图 3.5.1

图 3.5.2

图 3.5.3

图 3.5.4

图 3.5.5

图 3.5.6

图 3.5.7

图 3.5.8

图 3.5.9

图 3.5.10

图 3.5.11

图 3.5.12

图 3.5.13

图 3.5.14

图 3.5.15

图 3.5.16

（二）动作要点

（1）掌指撮拢变钩，速度稍快。按耸肩、收腹、垫脚、转头的顺序，上提重心。两掌上提时吸气，下按时呼气。

（2）要迅速抓爪，直线提起。提起时，百会穴上领，从两侧向心脏挤压，耸肩、收腹、提肛，缩颈。上提的顺序是先头往上顶，然后是肩，到腹部，会阴，最后是脚。

（3）转头时注意神韵，百会上领，不能仰头。

（三）易犯错误

（1）脚后跟离地时重心不稳，前后晃动。

（2）耸肩不够充分，胸背部和上肢不能充分团紧。

（四）纠正方法

头部百会穴上领，牵动整个身体垂直向上，起到稳定重心的作用。以胸部膻中穴为中心，缩项、夹肘、团胸、收腹，可加强胸、背部和上肢的团紧程度。

（五）功理与作用

（1）"猿钩"的快速变化增强神经、肌肉反应的灵敏性。

（2）在这个动作中，缩项可以摩运上焦。耸肩缩项，肩井穴上提，使肩颈得到锻炼。

（3）左右转头时，稍微停顿一下，容易挤压胸腔，下按时扩大胸腔体积，增强心脏按压，改善脑部供血。

（4）提踵直立，可增强腿部力量，提高平衡能力。

（5）收腹提肛，可以提拉会阴，防止中气下泄，使五脏六腑得到锻炼，对遗尿、大小便失禁具有治疗作用，每天可以做 100 次。

二、猿摘

"握固"：即拇指指尖抵掐无名指根节内侧，其余四指屈拢收于掌心。握固可以锻炼肝经。

"太阳穴"：在中医经络学上被称为"经外奇穴"，位于头面部，在人体目外眦和眉梢之间，向后约一横指处，可以摸到明显的凹陷。有提神、醒脑、明目作用。

（一）口令

猿摘动作共六个口令：

1. 口令 1："退步"

左脚向左后方 45° 退步，脚尖点地，右腿屈膝，重心落于右腿；同时左臂屈肘，左手成"猿钩"收至左腰侧，右手掌向右前方 45° 自然摆起，掌心向下。（图 3.5.17、附图 3.5.17）

2. 口令2："顾"

身体重心后移，左脚全脚掌着地，左腿屈膝，重心移至左腿，左手不动。同时，右手掌向下经腹前向左上方划弧至体左侧，眼睛随右手转动。（图3.5.18、图3.5.19）

3. 口令3："盼"

右脚收至左脚内侧，脚尖点地，成右丁步。左手不动，右手掌继续上摆，掌心正对太阳穴（10-15cm处）。同时，转头注视右前上方45°。（图3.5.20）

4. 口令4："按掌"

左手不动，右掌内旋，掌心向下，沿体侧下按至左大腿外，身体重心下降蓄势。目视右掌。（图3.5.21）

5. 口令5："上步摘果"

右脚向右前方45°迈出一大步，左腿蹬伸，身体重心前移，右腿伸直，左脚脚尖点地；同时右掌经体前向右上方划弧，举至右上侧变"猿钩"，稍高于肩，左手掌向前、向上伸举，屈腕撮钩，成采摘势，目视左手。（图3.5.22、图3.5.23）

6. 口令6："收回"

身体重心后移，左手由"猿钩"变为"握固"；右手变掌，自然回落于体前，虎口朝前。左腿屈膝下蹲，右脚收至左脚内侧，脚尖点地，成右丁步；同时左臂屈肘收至左耳旁，掌指分开，掌心向上，成托桃状；右掌经体前向左划弧至左肘下捧托，目视左掌心。（图3.5.24—图3.5.26）

然后做右边动作，右边动作与左边动作相同，方向相反。（图3.5.27—图3.5.35）

猿摘动作一左一右为一遍，共做两遍。

做完第二遍右边的"收回"动令后，左脚向左横开一步，两腿直立，同时两手自然垂于体侧，目视前方。（图3.5.36）

图3.5.17

附图3.5.17

图 3.5.18

图 3.5.19

图 3.5.20

图 3.5.21

图 3.5.22

图 3.5.23

图 3.5.24

图 3.5.25

图 3.5.26

图 3.5.27

图 3.5.28

图 3.5.29

图 3.5.30

图 3.5.31

图 3.5.32

图 3.5.33

图 3.5.34

图 3.5.35

图 3.5.36

（二）动作要点

（1）眼随上肢动作变化左顾右盼。

（2）屈膝下蹲时，全身呈收缩状；蹬腿迈步时，肢体要充分展开；采摘时，手指撮拢快而敏捷；变握固后、成托桃时，掌指要及时分开。

（3）动作以神似为主，不可太夸张。

（三）易犯错误

（1）上下肢动作配合不够协调。

（2）摘桃时，手臂向上直线推出，"猿钩"变化时机把握不准。

（四）纠正方法

（1）下蹲时，手臂弯曲，上臂靠近身体；蹬伸时，手臂充分展开。

（2）向上采摘，手的运行路线呈向上弧形，动作到位时，手掌才变猿钩状。

（五）功理与作用

眼神左顾右盼，有利于颈部运动，促进脑部血液循环。动作多样性体现神经系统与肢体运动协调。

三、调息

"调息"：两手向身体侧 45° 举起，与胸同高，掌心向上，目视前方。屈肘，两掌内合掌心向内，高与胸齐。两手内旋，掌心向下，下按。两手自然垂于体侧，目视前方。（图 3.5.37—图 3.5.43）

图 3.5.37

图 3.5.38

图 3.5.39

图 3.5.40

图 3.5.41

图 3.5.42

图 3.5.43

第六节　鸟戏

　　"鸟翅"：即五指伸直，拇指、食指、小指向上翘起，无名指、中指并拢向下。

　　"百会穴"：头部中线和两耳尖连接线的交叉处。经属为督脉，为手足三阳、督脉之会。百会穴的主治疾病为：头痛、头重脚轻、痔疮、高血压、低血压、宿醉、目眩失眠、焦躁等。

一、鸟伸

（一）口令

鸟伸动作共四个口令：

1. 口令 1："上举"

两腿微屈下蹲，两掌在腹前相叠。两掌向上举至头前上方，掌心向下，指尖向前（到位后手形成"鸟翅"状），百会上领。身体微前倾、提肩、缩项、挺胸、塌腰，目视前下方。（图 3.6.1—图 3.6.4）

2. 口令 2："下按"

两腿微屈下蹲，同时两掌相叠下按至腹前，目视两掌。（图 3.6.5、图 3.6.6）

3. 口令 3："分手"

两掌左右分开。（图 3.6.7）

4. 口令 4："抬腿"

身体重心右移；右腿蹬直，左腿伸直向后抬起。两手向体后方摆起，手心向上成"鸟翅"，抬头、伸颈、挺胸、塌腰，目视前方。（图 3.6.8）

然后做右边动作，右边动作与左边动作相同，方向相反。（图 3.6.9—图 3.6.16）

鸟伸动作一左一右为一次，共做两次。

图 3.6.1

图 3.6.2

图 3.6.3

图 3.6.4

图 3.6.5

图 3.6.6

图 3.6.7

图 3.6.8

图 3.6.9

图 3.6.10

图 3.6.11

图 3.6.12

图 3.6.13

图 3.6.14

图 3.6.15

图 3.6.16

（二）动作要点

（1）两掌在体前相叠，以舒适自然为宜。注意动作松紧变化。

（2）两臂后摆时，身体向上拔伸，并形成向后反弓状。

（三）易犯错误

（1）松紧变化掌握不好。

（2）单腿支撑时，身体重心不稳。

（四）纠正方法

（1）先练习两掌相叠，在体前做上举下落动作，上举时收紧，下落时放松，逐步过渡至完整动作。

（2）身体重心移到支撑腿后，另一条腿再向后抬起，支撑腿的膝关节挺直，百会穴上领，有助于提高动作的稳定性。

（五）功理与作用

（1）两掌上举吸气，扩大胸腔；两手下按，气沉丹田，呼出浊气；增加肺活量，改善慢性支气管炎等病症。

（2）两掌上举，督脉得到牵动；两掌后摆，任脉得到拉伸。

（3）鸟伸：提拉肩部，缩颈，可以放松肩颈，这个动作与鹿奔对应，有异曲同工之妙。

二、鸟飞

口令提示至"鸟飞"这一动作名称时，两腿微屈，两手成"鸟翅"合于腹前，指尖相对，手心向上，目视前下方。（图3.6.17）

图 3.6.17

（一）口令

鸟飞动作共四个口令：

1. 口令1："平举"

右腿伸直独立，左腿屈膝提起，小腿自然下垂，脚尖朝下；同时两手成展翅状，在体侧平举向上，略高于肩，手心向下，目视前方。（图3.6.18）

2. 口令2："下落"

左脚下落在右脚旁，脚尖着地，两腿微屈；指尖相对，手心向上。目视前下方。（图3.6.19）

3. 口令3："上举"

右腿伸直独立，左腿屈膝提起，小腿自然下垂，脚尖朝下；同时两手经体侧，向上举至头顶上方，掌背相对（间距5厘米），指尖向上，成"喇叭口"状。目视前方。（图3.6.20、图3.6.21）

4. 口令 4： "下落"

左脚下落与右脚平行，同肩宽，全脚掌着地，两腿微屈；同时两掌合于腹前，指尖相对，手心向上。目视前下方。（图 3.6.22）

然后做右边动作，右边动作与左边动作相同，方向相反。（图 3.6.23—图 3.6.26）最后一动下落时两脚分开，与肩同宽。（图 3.6.27）

鸟飞动作一左一右为一遍，共做两遍。

图 3.6.18

图 3.6.19

图 3.6.20

图 3.6.21

图 3.6.22

图 3.6.23

图 3.6.24

图 3.6.25

图 3.6.26

图 3.6.27

（二）动作要点

（1）两臂侧举，尽量展开胸部两侧；两臂下落内合，尽量挤压胸部两侧。手脚变化配合协调，同起同落。

（2）两掌上提时吸气，百会穴上领，下落时呼气。

（3）下落时手指放松，像把一个"大气球"压紧。

（4）两手在腹前下点，侧平举点，上举最高点时手型均为"鸟翅"。

（三）易犯错误

（1）两臂伸直摆动，动作僵硬。

（2）身体紧张，直立不稳，呼吸不畅。

（四）纠正方法

（1）两臂上举时，力从肩启动，沉肩、松肘，最后提腕，形成手臂举起的变化过程；下落时，松肩、沉肘，最后按合于腹前。

（2）两臂上举吸气，头部百会穴上领，提胸收腹；下落呼气，松腰松腹，气沉丹田。

（五）功理与作用

（1）两臂上下运动可改变胸腔容积，配合呼吸可按摩心肺，增强血氧交换能力。

（2）拇指、食指的上翘紧绷，刺激手太阴肺经，加强肺经经气流通，提高心肺功能。人体器官的"肺"是娇脏，肺主皮毛，胎儿在母体时，身体其他各个器官都开始工作了，但肺没有开始工作；出生时，哭为肺音，肺开始工作，所以肺全靠后天锻炼。

三、调息

"调息"：两手向身体侧 45° 举起，与胸同高，掌心向上，目视前方。屈肘，两掌内合掌心向内，高于胸齐。两手内旋，掌心向下，下按。两手自然垂于体侧，目视前方。（图 3.6.28—图 3.6.34）

图 3.6.28

图 3.6.29

图 3.6.30

图 3.6.31

图 3.6.32

图 3.6.33

图 3.6.34

第七节　收势

一、引气归元

（一）口令

引气归元动作共两个口令：

1. 口令 1："侧举"

两臂外旋，手心向外，两手掌经体侧上举至头顶上方，掌心相对。（图 3.7.1—图 3.7.5）

2. 口令 2："下按"

两掌指尖相对，沿体前缓慢下按至腹前，再还原至体侧，目视前方。（图 3.7.6—图 3.7.9）

共做三次。

图 3.7.1

图 3.7.2

图 3.7.3

图 3.7.4

图 3.7.5

图 3.7.6

图 3.7.7

图 3.7.8

图 3.7.9

（二）动作要点

两掌由上向下按时，身体各部位要随之放松，直达脚底涌泉穴。

（三）易犯错误

两掌上举带动两肩上抬，胸廓上提。

（四）纠正方法

身体重心相对固定，两掌上举时，注意肩部下沉放松。

（五）功理作用

引气归元就是使气息逐渐平和，意将练功时所得体内、外之气，导引归入丹田，起到和气血、通经脉、理脏腑的功效。

二、收势

（一）口令

收势动作共三个口令：

1. 口令1："两手向前拢气，虎口交叉叠于腹前，闭目静养，调匀呼吸，意守丹田"。两手缓慢在体前划平弧，掌心相对，高与脐平，然后在腹前合拢，虎口交叉，叠掌（男性左手在里，女性右手在里），掌心轻贴于气海穴，眼微闭静养，呼吸均匀，意守丹田。（图3.7.10—图3.7.14）

2. 口令2："搓手"

两眼慢慢睁开，两手合掌于胸前，搓擦至热（8–12次，速度不用太快）。（图3.7.15、图3.7.16）

3. 口令3："浴面"

掌贴面部，上、下擦摩浴面两次，第三次浴面两掌摩运至额头后向后沿头顶、耳后、胸前下落，自然垂于体侧。（图3.7.17—图3.7.22）

左脚提起向右脚并拢，前脚掌先着地，随之全脚踏实，恢复成预备势，目视前方。（图3.7.23、图3.7.24）

图 3.7.10

图 3.7.11

图 3.7.12

图 3.7.13

图 3.7.14

图 3.7.15

图 3.7.16

图 3.7.17

图 3.7.18

图 3.7.19

图 3.7.20

图 3.7.21

图 3.7.22

图 3.7.23

图 3.7.24

（二）动作要点

两掌腹前划平弧动作，衔接要自然、圆活，有向前收拢物体之势，意将气息合抱，引入丹田。

（三）易犯错误

两掌运行路线不清。

（四）纠正方法

两掌在体侧向上做立圆和在腹前向前划平弧时，意念要放在掌心。

（五）功理与作用

通过搓手、浴面，恢复常态，收功。

第四章

健身气功·八段锦概述

第一节　八段锦的功法源流

一、八段锦的含义

　　八段锦的"八"字，不是单指段、节和八个动作，而是表示其功法有多种要素，相互制约，相互联系，循环运转。古人把八段锦这套动作比喻为"锦"，其原因在于：第一，"锦"的释义为珍贵；第二，"锦"还可以理解为美而华贵，表现了此套功法像锦缎一样舒展而优美；第三，"锦"可理解为单个导引术式的汇集，意味着此套功法动作呈现连绵不断的特点，是一套较为完整和全面的健身锻炼方法。

二、八段锦的起源发展

据考证，至少在两晋以前就有八段锦这类导引功法，从《导引图》中可以看到，其中不少于 4 幅图势与八段锦图势中的"调理脾胃须单举""双手攀足固肾腰""左右开弓似射雕""背后七颠百病消"极其相同。此外，《养性延命录》里面也有相似的动作图势。"狼踞鸱顾，左右自摇曳"与"五劳七伤往后瞧"动作极其相同；"敦踵三还"与"背后七颠百病消"动作极其相似；"左右挽弓势"与"左右开弓似射雕"动作极其相似；"左右单托天势"与"调理脾胃须单举"动作基本相同；"两手前筑势"与"攒拳怒目增气力"动作基本相似。这些都足以证明八段锦与《导引图》以及《养性延命录》存在某种联系。

（一）宋代

八段锦之名，最开始出现在南宋时期洪迈所编撰的《夷坚志》中："政和七年，李似矩弥大为起居郎……尝以夜半时起坐，嘘吸按摩，行所谓八段锦者。"这说明在北宋时期已经开始流传八段锦，八段锦在那时已经分为坐势八段锦和立势八段锦。立势八段锦最早出现在南宋时期曾慥编著的《道枢·众妙篇》："仰掌上举以治三焦者也；左肝右肺如射雕焉；东西独托，所以安其脾胃矣；返复而顾，所以理其伤劳矣；大小朝天，所以通其五脏矣；咽津补气，左右挑其手；摆鳝之尾，所以祛心之疾矣；左右手以攀其足，所以治其腰矣。"八段锦在这个时间段还未有真正的名字，其动作名称还没有开始歌诀化。此后，南宋时期陈元靓编写的《事林广记·修真秘旨》开始将其定名为"吕真人安乐法"，其动作名称开始歌诀化："昂首仰托顺三焦，左肝右肺如射雕；东脾单托兼西胃，五劳回顾七伤调。鳝鱼摆尾通心气，两手搬脚定于腰；大小朝天安五脏，漱津咽纳指双挑。"

（二）明清时期

明清时期，立势八段锦得到快速健康发展，并开始广泛传播。清末《新出保身图说·八段锦》第一次用"八段锦"命名，并且通过绘图加以丰富，初步完善和建立了完整的动作套路。其歌诀为："两手托天理三焦，左右开弓似射雕；调理脾胃须单举，五劳七伤往后瞧；摇头摆尾去心火，背后七颠百病消；攒拳怒目增气力，两手攀足固肾腰。"从此，传统八段锦的动作套路和动作名称得以固定。

（三）新中国时期

新中国成立后，国家对民族传统体育项目非常重视。20世纪50年代后期，人民体育出版社先后出版了唐家、马凤阁等人编著的《八段锦》，然后又召集专业的编写团队挖掘和梳理传统八段锦。1980年前后，八段锦逐渐在大专院校开设课程。21世纪初，立势八段锦群众基础更广，同时也利于习练，因此以立势八段锦为蓝本，开始编排和挖掘梳理健身气功·八段锦。

三、八段锦的流派

八段锦在流传中涌现出各类流派。例如，清朝娄杰在讲述八段锦的立功时，其歌诀为："手把碧天擎，雕弓左右鸣；鼎凭单臂举，剑向半肩横；擒纵如猿捷，威严似虎狞；更同飞燕急，立马告功成。"还有《易筋经外经图说·外壮练力奇验图》《八段锦体操图（12式）》等。另外，僧人将八段锦当作健身的方法以及武术基本功进行练习。

总的来看，八段锦形成了南派和北派。南派动作主要采用站式，其动作更为柔和舒展；北派动作主要采用马步，其动作更为刚劲。

第二节 健身气功·八段锦的功法特点

一、柔和缓慢，圆活连贯

柔和，指习练时动作优美不僵硬，身体舒展大方；缓慢，指习练时身体的动作的幅度、重心的高低，都要有条不紊。圆活，指动作路线以及动作姿势皆有弯曲度；连贯，要求姿势的转换以及动作的衔接流畅，无明显停顿和断断续续。习练时呈现绵绵不绝的状态，通过疏通经络、调养气血最终达到增强体质、强身健体的效果。

二、松紧结合，动静自然

松，指习练时身体解除紧张状态，肌肉、关节以及五脏六腑呈放松状态。紧，指习练时松中有紧，习练某些动作得缓慢用力。例如：健身气功·八段锦中的"两手托天理三焦"的上托、"左右开弓似射雕"的马步拉弓、"调理脾胃须单举"的上举、"五劳七伤往后瞧"的转头旋臂、"攒拳怒目增气力"的冲拳与抓握、"背后七颠百病消"的脚趾抓地与提肛等动作都需要适当用力，但是放松在习练过程中为主，适当用力为辅，松紧结合，更有助于疏通经络、调节阴阳，最终达到增强体质、强身健体的效果。

此套功法的动，主要指外在的身体在不停地做动作。静，指内在的心神达到平稳和宁静，思想没有杂念。例如：健身气功·八段锦的起势要求即"心神宁静、意守丹田"。

第三节　健身气功·八段锦的习练要领

一、松静自然

松静自然，是习练八段锦最基本的原则。松，指心神与身体皆呈放松状。心神的放松，主要是消除心理的紧张状态；形体上的放松，主要是肌肉、关节以及五脏六腑的放松。放松是一个循序渐进的过程，由生理到心理、由身体到心神的过程。放松与平静是相生相成的，静中有松，松中有静，二者相辅相成、不可或缺。自然，是指身体、呼吸、心神都要顺其自然。习练者在练习过程中慢慢仔细体会，逐渐达到身体自然、呼吸自然、心神自然。

二、准确灵活

准确，主要指习练时的动作姿势正确，方法合乎规范。锻炼的第一个阶段，基本身形极其重要。学基本动作时，要对动作的路线、方位、角度分辨清楚，做到姿势、方法正确。灵活，即习练时动作幅度的大小、姿势的高低、用力的大小，习练的数量、意念的运用、呼吸的调整等都要根据自身情况灵活调整。

三、练养相兼

练，是指调整身体、调整呼吸、调整心理状态的习练过程。养，即通过三调合一的练习后，身体呈现中正安舒、呼吸自然、意守绵绵的静养状态。练与养，是相生相成的，两者不可或缺，合理安排练习的时间、数量，把握好强度，处理好意、气、形三者的关系，有助于提高练功效果，增进身心健康。

四、循序渐进

健身气功·八段锦对于零基础的人来说有一定的难度。刚开始练习时，身体会出现肌肉关节疼痛、手脚僵硬不协调等。通过循序渐进的练习，动作姿势和方法逐渐正确，对身体的控制能力不断加强，对动作姿势的领悟逐渐深化，对动作要求的关注度会不断提升。良好的练功效果是在科学练功方法的指导下，随着习练数量的累积逐渐达到的，应持之以恒，循序渐进。

第四节　健身气功·八段锦的功理作用

经络不畅，则百病丛生。如何打通经络，气血十足呢？现代研究证实，练习八段锦可以加强血液循环、改善神经体液的调节功能，对腹腔脏器有柔和的按摩作用，对神经系统、心血管系统、消化系统、呼吸系统及运动器官有良好的调节作用。本教材以中医文化为理论基础，对健身气功·八段锦的健身功理进行阐释。

一、导气引体，调畅气血

八段锦导气引体、调畅气血的原理是，将自身的形体与气机相结合，通过对形体进行屈、仰、俯、伸等调整，以形引气，用形体动作来引导经络、脏腑等气机的升降和开合，进而优化人体的脏腑功能、调畅人体气血。第一式两手托天理三焦，两手从体两侧捧气，缓慢交叉上托，保持抻拉，通过意念、呼吸的配合，使人体的内部气机和大自然的外部气机相结合，通过上托下落，使人体之气上下通达，使津液滋润脏腑，从而达到疏通气血、调理脏腑的作用。

二、松紧结合，增进协调

"紧"只是动作的一瞬间，而"松"是贯穿动作始终的。松、紧的这种密切配合和频繁转换，有助于刺激调节机体的阴阳协调能力，促使经气流通，活血化瘀，强筋壮骨。研究结果表明，习练八段锦对血压、心率、血糖、甲状腺功能等具有双向调节功能，从而增强机体的适应能力和预防疾病的能力。第七式"攒拳怒目增气力"，由于肝开窍于目，肝主怒，适当怒目而影响内在肝脏，调节肝气，刺激肝脏系统，增强肝脏系统的疏泄功能。冲拳时"紧"，收拳时"松"，松紧结合，以及旋腕、五指缓慢用力握拳等，可以刺激和调动手三阴三阳经脉，增强上肢肌肉力量。采用马步姿势，下蹲、脚趾抓地等动作，可刺激和调动足三阴三阳经脉，同时，增强骨骼和下肢肌肉力量，提高平衡能力。

三、脊柱为轴，整体调节

八段锦锻炼的中心部位在脊柱，八段锦前四式突出的是肩胛夹脊的内缩蓄劲，后四式则侧重腰胯命门的俯冲扭转与拔伸，脊柱被称为人体的"第二条生命线"。八段锦通过对脊柱的拉伸旋转，刺激疏通任、督两脉，从而起到整体调节、牵一处而动全身的锻炼效果。第六式"摇头摆尾去心火"主要通过对脊柱大幅度侧屈、环转及回旋，使头颈、腰腹及臀部、腿部等多种肌群参与收缩，既增加了颈、腰、髋、下肢的关节灵活性，也增加了肌力。同时，通过摇头，可刺激大椎穴以提升阳气；摆动尾闾，可刺激脊柱和命门穴，"腰为肾腑，命门贯脊属肾"，肾在五行中属水，心在五行中属火，以水克火，只有壮腰强肾才能调理心火，所以刺激脊柱和命门穴，增强肾阴对人体各脏腑器官滋养和濡润的作用，进而达到去心火的目的。

四、强化脏腑，疏通经络

八段锦同传统中医学脏腑经络理论关系密切。比如第一式中的"三焦"是人体元气与水液疏布的通道，覆盖五脏六腑。这一式通过上托下落、对拉拔伸，使三焦通畅、气血调和。第二式左右开弓，有利于抒发胸气，消除胸闷，并能疏理肝气，治疗胁痛。第四式中的五劳一般是指心、肝、脾、肺、肾五脏的劳损，七伤是指喜、怒、忧、思、悲、恐、惊七种情志的伤害。通过习练八段锦可以改善大脑对脏腑的调节能力，并增强免疫功能，促进自身的良性调整，可以改善亚健康。

五、松静自然，调摄精神

八段锦练习过程中，要求神与形合，气寓其中，动作柔和，刚柔相济，强调呼吸与动作的协调配合，意念集中在动作部位，排除杂念。因此，八段锦的锻炼方式是身心一体式的，而且突出对情志的调摄。良好的情志应该是恬淡宁静，祥和愉悦。预备势是以松静自然的态势，将机体调整到相对平衡的状态。收势以形带意，以意领气，引导全身气机的开合运动，促进了机体形气神的协调统一。收势即练功将要结束，通过最后的动作，使人体由运动状态转为非运动的自然状态。健身气功·八段锦作为中国传统导引养生与保健功法，能整体调节人体的脏腑、气血以及经络，具有保精、养气存神的作用；同时锻炼过程中的自我控制有利于心神宁静，对锻炼者心理素质的提高、情绪的调整能起到积极作用。

第五章

健身气功·八段锦动作技术分析

预备式

（一）口令

预备式共有两个口令：

预备姿势：两脚并步站立，两臂自然下垂，身体中正，面带微笑，目视前方。（图 5.1.1）

1. 口令 1："左脚开步，与肩同宽"

身体重心先移至右腿，然后左脚向左侧开步，与肩同宽，重心移至两腿中间，脚尖朝前，目视前方。（图 5.1.2）

2. 口令 2："屈膝下蹲，掌抱腹前"

（1）两臂内旋，两掌分别向两侧摆起，与髋同高，掌心向后。目视前方。（图 5.1.3）

（2）上体保持不动，两膝微屈，两臂外旋，向前合抱于腹前呈圆弧形，与肚脐同高，掌心向内。两掌指间距约 10 厘米，目视前方。（图 5.1.4、图 5.1.5）

图 5.1.1

图 5.1.2

图 5.1.3

图 5.1.4

图 5.1.5

（二）动作要点

（1）头顶百会穴上领，下颏微收，舌抵上颚，双唇轻闭，沉肩坠肘，腹部松沉，收髋敛臀，上体保持中正。

（2）呼吸徐缓，气沉丹田，调息6~9次。

（三）易犯错误

（1）抱球时，大拇指上翘，其余四指斜向地面。

（2）塌腰，八字。

（四）纠正方法

（1）沉肩坠肘，指尖相对，大拇指放平。

（2）收髋敛臀，命门穴放松，膝关节不超越脚尖，两脚平行站立。

（五）功理与作用

端正身形，收髋敛臀；调整呼吸，内安五脏，使心神宁静，从精神与肢体上做好练功前的准备。

第一节　两手托天理三焦

"掌"：五指微屈，稍分开，掌心微含。

"三焦"是中医学中的一个术语，它有两层意思：

一是指人体的三个部位——上焦（膈以上）、中焦（膈–肚脐）、下焦（肚脐以下）；

二是指六腑之一，六腑包括胃、小肠、大肠、心包、膀胱、三焦。三焦的功能是通调水道，主持气化。

（一）口令

两手托天理三焦共有两个口令：

1. 口令 1："上托"

（1）两臂外旋下落，两掌五指分开在腹前交叉，掌心向上。目视前方。（图 5.2.1）

（2）两腿缓缓伸直，两掌上托至胸前，两臂内旋向上托起，抬头目视两掌。（图 5.2.2、图 5.2.3）

（3）两臂继续上托，掌根用力，肘关节伸直；下颏内收，目视前方。（图 5.2.4）

2. 口令 2："下落"

十指慢慢分开，两臂向两侧下落；同时重心下降，两膝微屈，两掌捧于腹前，掌心向上，目视前方。注意沉气。（图 5.2.5—图 5.2.7）

本式上托、下落为一遍，共做六遍。

图 5.2.1

图 5.2.2

图 5.2.3

图 5.2.4

图 5.2.5

图 5.2.6

图 5.2.7

（二）动作要点

（1）两掌上托至额前时掌心要翻转向上，上托要舒胸展体，略有停顿，保持抻拉。

（2）两掌下落要松腰沉髋，沉肩坠肘，松腕舒指，上体保持中正。

（3）两掌要捧住，手心向上，不能掌心是斜的。两手臂不能向内夹。

（三）易犯错误

（1）两掌上托时，抬头不够，继续上举时松懈断劲。

（2）两掌在胸前翻转后未垂直上托。

（3）两掌下落呈捧掌时，掌心未向上。

（四）纠正方法

（1）两掌上托，缓慢用力，下颌先向上助力，再内收配合两掌上撑，力在掌根。

（2）下落捧掌时掌心向上。

（五）功理与作用

（1）通过双手交叉上托，缓慢用力，保持抻拉，可使三焦通畅、达到调和气血的功效。

（2）抻拉手三阴、三阳经。通过拉长躯干与上肢各关节周围的肌肉、韧带以及关节软组织，可以有效防治肩部疾患、预防颈椎病。通过站立状态下的十指交叉向上抻拉，使脊柱充分伸展，拉抻任、督二脉，调理全身经络系统中最主要的络脉。

第二节　左右开弓似射雕

（一）手型

"八字掌"：拇指与食指竖直分开成八字状，其余三指第一、二指节屈收，掌心微含。（图 5.3.1）

"爪"：五指并拢，大拇指第一指节，其余四指第一、二指节屈收扣紧，手腕伸直。（图 5.3.2）

图 5.3.1

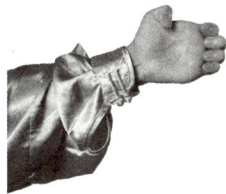

图 5.3.2

（二）口令

左右开弓似射雕共有三个口令：

1. 口令 1："搭腕"

重心右移，左脚向左开步站立，大约是自己脚长的三倍，两腿伸直，两掌交叉于胸前约 10cm 处，左掌在外，两掌心向内，目视前方。（图 5.3.3、图 5.3.4）

2. 口令 2："开弓"

两腿缓慢屈膝半蹲成马步；右掌屈指成"爪"，向右拉至右肩前，手心向内；左掌成八字掌，左臂内旋向左侧推出，与肩同高，呈立腕，左手心向左，目视左掌方向。（图 5.3.5）

3. 口令 3："并步"

（1）重心右移，左腿伸直。同时右手由爪变成掌，向上、向右划弧，至与肩同高，指尖朝上，掌心斜向前方，左手由八字掌伸开成掌，掌心斜向后，目视右掌。（图 5.3.6）

（2）左脚回收成并步站立，两掌由体侧下落捧于腹前，指尖相对，掌心向上，目视前方。（图5.3.7、图5.3.8）

然后做右边动作。右边动作与左边动作相同，方向相反。（图5.3.9—图5.3.13）本式一左一右为一遍，共做三遍。做第三遍最后一个动作时，重心左移，右脚收回成开步，与肩同宽，膝关节微屈。同时两掌由体侧下落捧于腹前，指尖相对，掌心向上，目视前方。（图5.3.14）

图 5.3.3

图 5.3.4

图 5.3.5

图 5.3.6

图 5.3.7

图 5.3.8

图 5.3.9

图 5.3.10

图 5.3.11

图 5.3.12

图 5.3.13

图 5.3.14

（三）动作要点

（1）侧拉之手变爪时五指要并拢屈紧，肩臂放平与肩同高。

（2）八字掌侧撑需沉肩坠肘，屈腕，竖指，掌心含空。

（3）年老或体弱者可自行调整马步的高度。

（四）易犯错误

（1）端肩、弓腰、八字脚。

（2）开弓时，八字掌侧推与龙爪侧拉未走直线。

（五）纠正方法

（1）沉肩坠肘，上体直立，两脚跟微用力外撑。

（2）从胸前直接向两侧直线推拉。

（六）功理与作用

（1）展肩扩胸，可刺激督脉、手三阴三阳经和背俞穴等，调节手太阴肺经等经脉之气。

（2）本段旧称"左肝右肺似射雕"，它以中医学的五脏生成说为指导。通过调节肝肺两脏，来调整人体气机的升降，除了对肝肺有保健作用外，对位于胸腔（上焦）的心脏也有益，有利于气血的运行。

（3）可以发展下肢肌肉力量，提高平衡和协调能力，提高手腕关节及指关节的灵活性。

（4）有利于矫正不良姿势，如驼背及肩内收，很好地预防肩、颈疾病等。

第三节 调理脾胃须单举

（一）口令

调理脾胃须单举共有两个口令：

1. 口令 1："上举"

（1）两腿缓慢伸直，左掌上托至胸前，右掌上托在腹前，与肚脐同高。（图5.4.1、图5.4.2）

（2）左臂经面前外旋上举至头左上方，肘微屈，力达掌根，掌心向上，指尖向右。同时，右掌内旋下按至右髋旁，肘微屈，力达掌根，掌心向下，指尖向前，目视前方。（图5.4.3）

2. 口令 2："下落"

（1）两膝缓慢微屈，重心下降，左臂屈肘外旋，左掌经面前下落于腹前，掌心向上。（图5.4.4）

（2）右臂外旋，右掌向上捧于腹前。两手指尖相对，相距约10厘米，掌心向上，目视前方。（图5.4.5）

然后做右边动作。右边动作与左边动作相同，方向相反。（图5.4.6—图5.4.9）本式一左一右为一遍，共做三遍。第三遍做最后一个动作时，两膝微屈，左手不动，右臂屈肘，右掌下按于右髋旁，掌心向下，指尖向前，目视前方。（图5.4.10—图5.4.12）

图 5.4.1

图 5.4.2

图 5.4.3

图 5.4.4

图 5.4.5

图 5.4.6

图 5.4.7

图 5.4.8

图 5.4.9

图 5.4.10

图 5.4.11

图 5.4.12

（二）动作要点

（1）力在掌根，上撑下按，舒胸展体，拔长腰脊。

（2）注意撑掌和按掌同时进行。

（三）易犯错误

（1）呈单举时，上举手未至头左上方，下按掌指尖未向前。

（2）上举手下落时，未按上举路线返回；呈捧掌时，两掌心未向上。

（四）纠正方法

（1）单举时，上举手至头左上方，下按掌指尖向前，成上撑下按的姿势。

（2）上举手下落时，沿上举路线返回。

（3）捧掌时，两掌心向上。

（五）功理与作用

（1）本式功法通过左右上肢一松一紧的上下对立抻拉，可以牵拉腹腔，对脾胃中焦肝胆起到按摩作用，从而调节脾胃气机。

（2）可以刺激腹、胸肋部的相关经络以及后背俞穴等，达到调理脾胃（肝胆）和脏腑经络的作用。

（3）锻炼脊柱内各椎骨间的小关节及小肌肉，增强脊柱的灵活性与稳定性，有利于预防和治疗肩、颈疾病等。

第四节　五劳七伤往后瞧

（一）口令

五劳七伤往后瞧共有三个口令：

1. 口令 1："起身"

两膝缓缓伸直，两臂伸直，掌心向后，指尖向下，目视前方。（图 5.5.1）

2. 口令 2："后瞧"

两臂充分外旋，掌心向外，同时头向左后转，目视左斜后方。（图 5.5.2）

3. 口令 3："转正"

重心下降，两膝微屈。两臂内旋按于髋旁，掌心向下，指尖向前，目视前方。

（图 5.5.3）

　　然后做右边动作。右边动作同左边动作相同，方向相反。（图 5.5.4—图 5.5.6）
本式一左一右为一遍，共做三遍。第三遍做最后一个动作时，两膝微屈，两掌捧
于腹前，指尖相对，掌心向上，目视前方。（图 5.5.7、图 5.5.8）

图 5.5.1

图 5.5.2

图 5.5.3

图 5.5.4

图 5.5.5

图 5.5.6

图 5.5.7

图 5.5.8

（二）动作要点

（1）头向上顶，肩要下沉。

（2）转头不转体，旋臂，两肩后张。

（3）手不能往后摆，两手向体侧延伸，手臂不能松懈，与身体成 45° 夹角，手指不能卷起，力达指尖。头后瞧时不能抬下颚，要向内收。

（三）易犯错误

（1）后瞧时，身体出现转动。

（2）屈膝下蹲，两膝超越脚尖。

（3）两掌下按，指尖未向前。

（四）纠正方法

（1）后瞧时，只转头和转掌，速度均匀。

（2）屈膝下蹲，两膝与脚背垂直。

（3）两掌下按，指尖向前。

（五）功理与作用

（1）本式动作通过上肢伸直外旋扭转的静力牵张作用，可以扩张牵拉胸腔、腹腔内的脏腑，从而达到改善颈部及脑部血液循环，有助于解除中枢神经系统疲劳。

（2）本式动作中往后瞧的转头动作，可刺激颈部大椎穴，达到防治"五劳七伤"的目的。

（3）后瞧通过颈部扭转，有效增加颈部运动幅度，防治肩颈与背部等疾病；同时，可以活动眼肌，预防眼肌疲劳。

第五节 摇头摆尾去心火

（一）口令

摇头摆尾去心火共有五个口令：

1. 口令1："上托"

重心左移，右脚向右开步站立，两腿伸直。两掌上托与胸同高时，两臂内旋，两掌继续上托至头上方，肘微屈，掌心向上，指尖相对，目视前方。（图5.6.1、图5.6.2）

2. 口令2："下按"

两腿屈膝半蹲成马步，两臂由体侧下落，两掌扶于膝关节上方，肘微屈，虎口向内，小指侧向前，目视前方。（图5.6.3）

3. 口令3："右倾"

身体重心稍起，上体向右倾斜，目视左脚。（图5.6.4）

4. 口令4："左旋"

俯身，目视右脚，身体重心左移，上体由右向前、向左旋转，目视右脚。（图5.6.5、图5.6.6）

5. 口令5："摇头摆尾"

身体重心右移成马步，头由左向后摇，臀部由右向前向左向后摆动。然后上体立起，下颏微收，目视前方。（图5.6.7—图5.6.9）

然后做右边动作。右边动作与左边动作相同，方向相反。（图 5.6.10—图 5.6.15）

本式动作一左一右为一遍，共做三遍。

做完三遍后，口令为"上抱"：重心左移，右脚回收成开步站立，与肩同宽，两掌由体侧上举，掌心相对。重心下降，两膝缓慢微屈，屈肘，两掌下按至腹前，掌心向下，指尖相对，目视前方。（图 5.6.16—图 5.6.18）

图 5.6.1

图 5.6.2

图 5.6.3

图 5.6.4

图 5.6.5

图 5.6.6

图 5.6.7

图 5.6.8

图 5.6.9

图 5.6.10

图 5.6.11

图 5.6.12

图 5.6.13

图 5.6.14

图 5.6.15

图 5.6.16

图 5.6.17

图 5.6.18

（二）动作要点

（1）马步下蹲要收髋敛臀，上体中正。

（2）摇转时，颈部与尾闾对拉伸长，速度柔和缓慢，动作圆活连贯。

（3）臀部前摆头后仰时，注意动作幅度不可过大，保持身体平衡，预防摔倒。

（三）易犯错误

（1）摇转时颈部僵直，尾闾摇转不圆活，幅度太小。

（2）前倾过大，使整个上身随之摆动。

（3）摇头摆尾时，挺胸，展腹，尾闾转动不到位。

（四）纠正方法

（1）上体侧倾与向下俯身时，下颏不要有意内收或上仰，颈椎部肌肉尽量放松伸展。

（2）俯身幅度不要过大，最多与地面平行。

（3）加大尾间摆动幅度，应上体左倾尾间右摆，头不低于水平，使尾间与颈部对拉拔长，加大旋转幅度。摆尾时要收腹。

（五）功理与作用

（1）通过两腿下蹲，摆动尾部，可刺激脊柱、督脉。

（2）通过摇头，可刺激大椎穴，从而达到疏经泄热的作用，有助于去心火。

（3）脊柱的腰段、颈段大幅度侧屈、环转，既增加了颈、腰、髋关节的灵活性，也增强了这些部位的肌力。

第六节　两手攀足固肾腰

（一）口令

两手攀足固肾腰共有五个口令：

1. 口令1："上举"

两腿伸直,两掌指尖转向前,先向前下方穿出,当两肘伸直后再向前、向上举起,掌心向前，目视前方。（图5.7.1—图5.7.4）

2. 口令2："下按"

两臂外旋掌心相对，屈肘，两掌下按于胸前，掌心向下，指尖相对，目视前方。（图5.7.5）

3. 口令 3："反穿"

两臂外旋，两掌心向上，两掌顺腋下向后插，两掌按于肩胛骨下端。目视前方。

（图 5.7.6—图 5.7.7）

4. 口令 4："摩运"

两掌沿脊柱两侧向下摩运至臀部下端，目视前下方。（图 5.7.8）

5. 口令 5："攀足"

两掌继续沿大腿后侧向下摩运，经脚两侧置于脚面，抬头，略停。（图 5.7.9、图 5.7.10）

6. 口令 1："上举"

两掌沿地面前伸，两臂伸直后两臂带动身体起立上举，掌心向前，目视前方。

（图 5.7.11、图 5.7.12）

本式动作一上一下为一遍，共做六遍。

做完六遍后，重心下降，两膝微屈，两掌下按至腹前，掌心向下，指尖向前，目视前方。（图 5.7.13、图 5.7.14）

图 5.7.1

图 5.7.2

图 5.7.3

图 5.7.4

图 5.7.5

图 5.7.6

图 5.7.7

附图 5.7.7

图 5.7.8

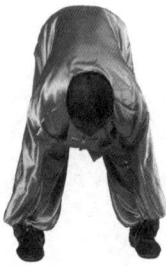

图 5.7.9

图 5.7.10

图 5.7.11

图 5.7.12

图 5.7.13

图 5.7.14

（二）动作要点

（1）两膝挺直，反穿摩运要适当用力，至足背时松腰沉肩，向上起身时手臂主动上举，带动身体上举。

（2）注意年老或体弱者可根据身体状况自行调整动作幅度，不可强求。

（三）易犯错误

（1）两掌向下摩运未达臀部时已俯身。

（2）起身时未塌腰，未以臂带身。

（四）纠正方法

（1）两手向下摩运至臀部下端时再俯身。

（2）向上起身时要塌腰、臀部后引，手与身体成一直线，以臂带身。

（五）功理与作用

（1）通过前屈后伸可刺激脊柱、督脉以及命门、阳关、委中等穴，抻拉人体的膀胱经，有助于防治生殖泌尿系统方面的慢性病，达到固肾壮腰的作用。

（2）脊柱大幅度前屈后伸，可有效发展脊柱肌群的力量与伸展性，对腰部的肾、肾上腺、输尿管等器官有良好的牵拉、按摩作用，可改善其功能。

第七节　攒拳怒目增气力

（一）手型

"握固"：即将大拇指扣在手心，指尖位于无名指（第四指）的根部，然

后屈曲其余四指，稍稍用力，将大拇指握牢。（图 5.8.1）

图 5.8.1

（二）口令

攒拳怒目增气力共有四个口令：

1. 口令 1："抱拳"

左脚向左半步，两腿屈膝成马步，两手握固，抱于腰侧，拳眼朝上，目视前方。（图 5.8.2）

2. 口令 2："攒拳怒目"

左拳缓慢用力向前冲出，与肩同高，拳眼朝上，眼随左拳移动，目视左拳冲出方向，瞪目。（图 5.8.3）

3. 口令 3："抓握"

（1）左臂内旋，左拳变掌，虎口朝下。（图 5.8.4）

（2）左臂外旋，肘关节微屈，左掌向左缠绕，变掌心向上后握固，目视左拳。（图 5.8.5）

4. 口令 4："回收"

屈肘，左拳回收至腰侧，拳眼朝上，目视前方。（图 5.8.6）

然后做右边动作。右边动作同左边动作相同，方向相反。（图 5.8.7—图 5.8.10）

该式动作一左一右为一遍，共做三遍。

做完三遍后，重心右移，左脚收回成并步，两拳变掌，垂于体侧，目视前方。（图 5.8.11）

图 5.8.2

图 5.8.3

图 5.8.4

图 5.8.5

图 5.8.6

图 5.8.7

图 5.8.8

图 5.8.9

图 5.8.10

图 5.8.11

（三）动作要点

（1）马步的高低可根据自己的腿部力量灵活掌握。

（2）冲拳时要怒目瞪眼，眼看冲拳的方向，脚趾抓地，力达拳面。

（3）旋腕要充分，抓握时五指用力。

（四）易犯错误

（1）马步撅臀，跪膝，脚尖外展。

（2）攒拳时未怒目，攒拳与握固回收时肘未贴肋。

（3）抓握前的旋腕动作未以腕为轴。

（五）纠正方法

（1）松腰敛臀，膝盖不能超过脚尖，脚后跟略向外用力。

（2）冲拳时百会上顶，上体立直，肩部松沉，肘关节微屈，前臂贴肋前送，力达拳面。

（3）攒拳时瞪目，握固回收时肘贴肋。

（4）五指伸直充分旋腕，再屈指用力抓握。

（六）功理与作用

（1）本式中的"怒目瞪眼"可刺激肝经，使肝血充盈，肝气疏泻，有强健筋骨的作用。

（2）两腿下蹲十趾抓地、双手攒拳、旋腕、手指逐节强力抓握等动作，可刺激手、足三阴三阳、十二经脉的俞穴和督脉等；同时，使全身肌肉、筋脉受到静力牵张刺激，长期锻炼可使全身筋肉结实，气力增加。

第八节　背后七颠百病消

背后七颠百病消共有两个口令：

（一）口令

1. 口令 1："提踵"

两脚跟提起，头上顶，目视前方。（图 5.9.1、图 5.9.2）

2. 口令 2："颠足"

两脚跟缓缓下落，咬齿，当离地面 45° 时，脚跟略用力下压，轻震地面，全身放松，目视前方。（图 5.9.3）

本式一起一落为一遍，共做七遍。

图 5.9.1

图 5.9.2

图 5.9.3

（二）动作要点

（1）上提，百会穴上顶，两腿并拢，脚趾抓地，脚跟尽力抬起，注意掌握好平衡。

（2）脚跟下落时，咬牙，轻震地面，动作不要过急。

（3）沉肩舒臂，周身放松。

（三）易犯错误

（1）上提时身体重心不稳。

（2）提踵时耸肩，未停顿。

（四）纠正方法

（1）五趾抓住地面，两腿并拢，收腹，肩向下沉，百会穴上顶。

（2）脚跟提到最高点略停，松肩沉肘。

（五）功理与作用

（1）脚趾为足三阴、足三阳经交会之处，脚十趾抓地，可刺激足部经脉，调节相应脏腑的功能；颠足可刺激脊柱与督脉，使全身脏腑经络气血通畅，阴阳平衡。

（2）颠足而立可发展小腿后部肌群力量，拉长足底肌肉、韧带，提高人体的平衡能力。

（3）落地震动可轻度刺激下肢及脊柱各关节内外结构，使全身肌肉得到放松复位，有助于消除肌肉紧张。

收势

收势共有一个口令：

（一）口令

口令："两掌合于腹前"

（1）两臂内旋，向两侧摆起，与髋同高，掌心向后。（图5.10.1）

（2）两臂屈肘，两掌相叠置于丹田处（男性左手在内，女性右手在内）。（图5.10.2）

（3）两臂自然下落，两掌轻贴于腿外侧，目视前方。（图5.10.3）

图5.10.1

图5.10.2

图5.10.3

（二）动作要点

体态安详，周身放松，呼吸自然，气沉丹田。

（三）易犯错误

收功随意，动作结束后心浮气躁，或急于走动。

（四）纠正方法

收功时要心平气和，举止稳重。收功后可适当做一些整理活动，如搓手浴面和肢体放松等。

（五）功理与作用

气息归元，放松肌肉，愉悦心情，巩固练功效果，逐渐恢复到练功前安静的状态。

参考文献

［1］邓坤坤.陈撄宁养生思想及其对大众健身的现实启示研究［D］.安庆：安庆师范大学，2021.

［2］刘晰娟.对我国健身气功辅导员岗位培训体系的研究［D］.北京：北京体育大学，2007.

［3］赵天敏.协调阴阳在处治内科急症中的运用体会［J］.云南中医杂志，1981（5）：13-17.

［4］吴晶晶."气功"概念之研究［D］.扬州：扬州大学，2015.

［5］谭颖颖.中医养生理论体系的建构［D］.济南：山东中医药大学，2007.

［6］姚亚行.新仿生健身功法·十禽戏的创编研究［D］.开封：河南大学，2010.

［7］王楠.论中国传统体育养生观［D］.开封：河南大学，2006.

［8］沈寿.宋代《保生要录》中"八段锦"的考释与研究［J］.成都体院学报，1986（1）：18-21，70.

［9］王庆其.《黄帝内经》文化专题研究［M］.上海：复旦大学出版社，2014.

［10］丁省伟，储志东，范铜钢."五禽戏"养生文化的历史流变及生命内涵［J］.武汉体育学院学报，2021，55（8）：65-70.

［11］叶小明，左自强.传统五禽戏的仿生促进健康价值［J］.宜春学院学报，2021，43（10）：65-69.

［12］潘银星，桂大鹏，周亚东.从中医治未病理念谈五禽戏国际推广价值［J］.中医药临床杂志，2022，34（6）：1050–1052.

［13］高雅.新编、旧版健身气功·五禽戏对人体运动能力的影响研究［D］.兰州：西北师范大学，2021.

［14］国家体育总局健身气功管理中心.健身气功：易筋经、五禽戏、六字诀、八段锦［M］.北京：人民体育出版社，2005.

［15］国家体育总局健身气功管理中心.健身气功二百问［M］.北京：人民体育出版社，2007.

［16］国家体育总局健身气功管理中心.健身气功社会体育指导培训教材［M］.北京：人民体育出版社，2007.